孔子授业研究

修订版

陈桂生 著

上海教育出版社
SHANGHAI EDUCATIONAL
PUBLISHING HOUSE

图书在版编目（CIP）数据

孔子授业研究 / 陈桂生著. —修订本. — 上海:上海教育出版社, 2020.8
ISBN 978-7-5720-0158-1

Ⅰ. ①孔… Ⅱ. ①陈… Ⅲ. ①孔丘教育思想 - 研究 Ⅳ. ①G40-092.25

中国版本图书馆CIP数据核字(2020)第110161号

责任编辑　董　洪
书籍设计　陆　弦

Kongzi Shouye Yanjiu
孔子授业研究（修订本）
陈桂生　著

出版发行　上海教育出版社有限公司
官　　网　www.seph.com.cn
地　　址　上海市永福路123号
邮　　编　200031
印　　刷　上海展强印刷有限公司
开　　本　890×1240　1/32　印张 10.125　插页 5
字　　数　210 千字
版　　次　2020年10月第1版
印　　次　2020年10月第1次印刷
书　　号　ISBN 978-7-5720-0158-1/G·0122
定　　价　69.00 元

如发现质量问题，读者可向本社调换　电话：021-64377165

序　孔子授业研究旨趣

孔子授业研究的理由实在不少。为了弘扬中华民族的文化传统，为了"古为今用"，为了建构所谓"儒家社会主义"，为了跟孔子学当"教育家"，为了讲孔子，为了成为孔子研究的专家，为了写博士论文，以及为了拿孔子说事——说这说那。诸如此类理由，能否成立，主要取决于所做的研究，至少是打算要做的研究，其对象是一个同真实情况较为接近的孔子。问题在于谁都知道，时隔两千多年，要想恢复孔子授业的原貌，是不可能做到的事情；然而，以《论语》之类较为原始的资料为依据，参照理论研究的规范，尊重授业的常识，或多或少剔除后人加于孔子授业越来越厚的涂抹，拆掉某些在孔子授业上的包装，不能说是做不到的事情。诚然，即使剔除了涂抹，拆去了包装后显露出来的，仍然未必是事情本来的面目。因为这种事情本身早已褪色，又为厚重的历史烟尘所埋没。那么，为什么又去做这种似乎无效的研究呢？

其实，发生在两千多年以前的那些事情，如孔子授业本身，毕竟较为朴素、单纯、简便，也谈不上有序。正如程颐所说，"孔子教人常俯就"（程颐：《入关语录》）。这不见得有什么可看之处；然而，正由于它较为朴素、单纯、简便，不成系统，它或许更加接近授业原本的性质，即教弟子学，为行而学，因学而教，旨在使人为善，说其“教学做合一”也不为过。何况尔后越来越高级、越来越复杂的教育体系、授业制度，正是从这种单纯的授业格局中转化而来。它作为中国授业文化的源头，便可资同中国后来的教育比较，亦可从授业文化源头上同西方授业文化源头比较。所以，如今试图了解孔子授业的真相，其实也还是拿它说事，说教育历史的辩证法，说史德，说研究历史的态度与方法。

本人原非以教育历史研究为专业，只是一向以历史的逻辑的分析为教育基础理论研究的价值取向，这才有兴趣参与孔子授业研究。

那么，有什么依据相信在一定程度上了解孔子授业的可能性呢？

1.《论语》作为授业当事人与见证人的孔子弟子及再传弟子的记载，虽不可尽信，但总比真假难辨的第二手材料较为可信。其中既有不少授业细节的记载，还有一些概括性的表述。如“子以四教”“子温而厉，威而不猛，恭而安”。

2. 孟子与荀子虽比孔子晚很多年，《孟子》《荀子》中同授业相关的记载，虽有别于孔子授业，但相对于“学”（名词，即授业实体）出现以后的情况，又与孔子授业处于同一背景之下，可增进对先秦“非制度化教育”的理解。

3. 虽不可能了解《论语》记载以外孔子授业的细节，却可以从中国古今授业文化、中外授业文化的比较中，确定孔子授业的方位与大格局。例如，它是有别于以学生集体为对象的个别授业，有别于以学籍制度、课程制度、学年学期制度为背景的授业，有别于以教科书为本位的授业，有别于苏格拉底“产婆术”的对话方式，也有别于一般学有常师的授业。

话虽如此，要把这种可能性转化为研究成果，还取决于把有关这种研究的观点转化为研究的方法。这就生发出孔子授业研究的价值取向问题。

本人的价值选择为：

1. 以孔子授业行为为主题，而不是以所谓“孔子教育思想”为研究对象，以避免从孔子的一般价值观念中推导或演绎孔子的授业，避免把孔子的一言一行不加分析地当作其授业活动本身或授业的“原理”“原则”。

2. 关于《论语》素材的运用：

（1）尊重夫子自道和其弟子、再传弟子有关孔子授业的概括性的表述。

（2）尽可能把相关材料全面展开，互相参证，互相补充。

（3）凡是可以得出数据的材料，以数据说明问题。

（4）除了充分运用其中的相关材料以外，还关注其中未给后人某种论断提供佐证的情况（批判性反证）。

3. 尊重历史事实的前提，更在于把澄清事实本身，作为“古为今用”最为可靠的价值选择。既不“畏圣人之言”，更不存“侮圣人之言”的动机。重在求索，而不以得出“完善的研究成果”，或为孔子建构什么体系为价值追求，以免弄巧成拙。

关于孔子授业，本人陆续发表了二十余篇文章，作为这种研究取向的验证和进一步研究教育基础理论的一种准备。

陈桂生

2011年10月1日

目录

孔子授业研究独白

内篇

孔子是大家都知道的圣人，然而孔子的真相，到现在还在学者间研究而没有完全解决。这是为什么呢？简单地说，就是真的孔子死了，假的孔子在依着中国的经济组织、政治状况与学术思想的变迁而挨次出现。

这就是因为“道统”“学统”等无聊观念的关系，使历代学者误认个人的主观的孔子为客观的孔子。所以，孔子虽是大家所知道的人物，但是大家所知道的孔子未必是真的孔子。

研究真的孔子，以《论语》一书为唯一材料，固然比较可靠，但诸位还应该知道，它的忠实性仍旧不是绝对的。

——周予同：《孔子》

第一章

君子之教［上］

“君子”是与“小人”对举的概念。不过，它们的含义不是一成不变的。西周、春秋之际，“君子”原为对贵族的通称。“君子务治，小人务力”（《国语·鲁语上》），表示两种身份的区别。时至春秋末期，即孔子所处时代，“君子”“小人”已经不完全表示身份的区别，而逐渐纳入伦理道德的范畴。“君子”为德者的美称，“小人”为缺德者的贬称。如今，“君子”一词虽从日常用语中淡出，而“小人”仍然作为贬义词通用。

在《论语》20篇512章中，“君子”一词共出现96次。其中有83章提到“君子”或“小人”。可见，“君子”是孔门中相当关注与经常议论的话题。其中涉及如何识别君子，君子与小人的区别何在，何为君子之风，怎样才能成为君子，君子应有什么风度，如何对待君子，等等。不妨说，孔子设学授徒，是行“君子儒”之教，致君子之学。

一、何谓君子

何谓君子？孔门弟子中，有两人曾经发过“君子”之问：

子贡问君子。子曰：“先行其言而后从之。”①

（《论语·为政》）

司马牛②问君子。子曰：“君子不忧不惧。”

曰：“不忧不惧，斯谓之君子已乎？”

子曰：“内省不疚，夫何忧何惧？”

（《论语·颜渊》）

如果有人问苏格拉底：何谓君子？他通常会通过对话，一步一步排除对君子的这种或那种具体的看法，而寻求君子概念的一般含义。孔门之教则不同。孔子会考虑弟子提出这个或那个疑问，不是没有原因。他总是根据这个弟子或那个弟子不同的精神状态、行为表现及困惑所在，对其疑问作出解答，借以指导弟子调整自己的精神状态，或改善自己的行为，故对同一个问题往往作出不同的解答。就上述两例来说，对子贡说“先行其言而后从之”，是由于“子贡之患，非言之艰而行之艰，故

---

① 此句或断为“先行，其言而后从之”。

② 司马牛，复姓司马，名耕，字子牛。据前人考证，他并非没有兄弟。他有几个哥哥，向魋为长，还有向巢、子颀、子来，为一党。“一族之中，戾气几徧，惟牛凄然孤立。”《左传·哀十四传》载：“宋景公将讨桓魋。”鲁哀公十四年（公元前481年）为孔子逝世前2年（孔子逝世于公元前479年）。“牛独亡兄弟之忧，似发于向巢、向魋出奔之后。盖魋等叛迹未彰，牛亦未能不以之为兄弟，隐忧虽深，何能举以告人？”（程树德.论语集释［M］.北京：中华书局，1990：829-830.）此考证，姑妄听之。

告之以此”（参见朱熹《论语集注》）；司马牛有“人皆有兄弟，我独亡”（《论语·颜渊》）之忧，故劝他只要问心无愧，用不着自寻烦恼。可见，孔子对君子问题的解答，并不表示给君子概念下一个一般性的定义。

给一个概念下定义，是揭露这个概念的内涵，即这个概念所反映的事物的本质属性的总和。这种定义是从大量同类事物的各种现象中抽象出来的，而人们直接接触的事物、亲身感受或遇到的问题，都是具体的。故了解君子之类定义，不足以使自己为了成为君子而改善自己的行为。由此可见，孔子的君子之教，讲求致君子之学，充满教育精神，显示出“教育”的本色。

二、君子与小人之别

人们在日常生活与相互交往中，对待自己，对待他人，对待面临的处境，对待权威，对待名和利，态度不尽相同。涉及道德问题，就有君子与小人两种不同的价值取向。唯其如此，孔门非常讲求划清君子与小人的界限。

在《论语》中，有18章专论君子与小人之别（见表1.1）。

表1.1 《论语》所论君子与小人之别

类　别	论　　述	出　处
以致君子为取向	子谓子夏曰：“女为君子儒，无为小人儒！”	《论语·雍也》
	子曰：“君子而不仁者有矣夫，未有小人而仁者也。”	《论语·宪问》

（续表）

类　别	论　　述	出　处
以致君子为取向	孔子对［季康子］曰："子为政焉用杀？子欲善而民善矣。君子之德风，小人之德草，草上之风必偃。"	《论语·颜渊》
以义、利为界	子曰："君子怀德，小人怀土；君子怀刑，小人怀惠。"	《论语·里仁》
	子曰："君子喻于义，小人喻于利。"	《论语·里仁》
	子曰："君子固穷，小人穷斯滥矣。"	《论语·卫灵公》
信仰之别	孔子曰："君子有三畏：畏天命、畏大人、畏圣人之言。小人不知天命而不畏也，狎大人，侮圣人之言。"	《论语·季氏》
对己对人态度不同	子曰："君子求诸己，小人求诸人。"	《论语·卫灵公》
	子曰："君子和而不同，小人同而不和。"	《论语·子路》
	子曰："君子周而不比，小人比而不周。"	《论语·为政》
	子曰："君子成人之美，不成人之恶。小人反是。"	《论语·为政》
	子曰："君子易事而难说也，说之不以道，不说也。及其使人也，器之。小人难事而易说也。说之虽不以道，说也。及其使人也，求备焉。"	《论语·子路》
	子曰："君子上达，小人下达。"	《论语·宪问》
心胸气度之差	子曰："君子坦荡荡，小人长戚戚。"	《论语·述而》
	子曰："君子不可小知，而可大受也；小人不可大受，而可小知也。"	《论语·卫灵公》
	子曰："君子泰而不骄，小人骄而不泰。"	《论语·子路》

（续表）

类别	论述	出处
同事异趣 同因异果	子游对曰："昔者偃也闻诸夫子曰：'君子学道则爱人，小人学道则易使也。'"	《论语·阳货》
	子路曰："君子尚勇乎？"子曰："君子义以为上。君子有勇而无义为乱，小人有勇而无义为盗。"	《论语·阳货》

其实，在正常的社会-文化中，君子和小人都是社会成员中的少数，多数人既非君子，也非小人。在正常的社会-文化中，未必存在君子与小人的比较，因为习俗性质的道德行为准则，是在一般人际交往中形成的。君子或小人都是以一般道德准则为依据，同一般人的行为相互比较而言。如果存在君子与小人的比较，势必可能把一般人视为小人，或把一般人视为君子。孔子所处时代，道德沦丧，礼崩乐坏，以造就君子而非平民为授业的价值追求，不难理解。

三、君子真伪之辨

由于君子是德者的美称，故小人常常冒充君子，成为"伪君子"。这样，孔子不但从人们日常生活与相互交往的表现中，区分君子与小人，而且善于识别君子的真伪。从哪些方面识别君子的真伪呢？主要是文质之辨（其中含文野之辨）。此外，还有君子名实之辨。

（一）文质之辨

孔子称："君子博学于文，约之以礼。"（《论语·雍也》）颜渊对此深有体会。他喟然叹曰："夫子循循然善诱人，博我以文，约我以礼，欲罢不能，既竭吾才。"（《论语·子罕》）这里所谓"文"，或指博学，泛指文采、文雅的风度。如曾子所谓："君子所贵乎道者三：动容貌，斯远暴慢矣；正颜色，斯近信矣；出辞气，斯远鄙倍矣！"（《论语·子张》）这不是君子自身的变化，而在别人看来，君子似严非严，似温非温。因为君子或严或温，因人因事因具体情势而定。

君子尚文，重要的是"义以为质"（《论语·卫灵公》）。涉及文质关系，有人（棘子成）曾发出疑问："君子质而已矣！何以文为？"子贡却不以为然。依其所见，文质都重要。为了说明"文"不可缺，他提出一个毛鞟（鞟，音阔，即革）隐喻。如把"文"比作虎豹与犬羊的毛，若去掉这些动物的毛，单看这些动物的皮（鞟），那就很难分辨这些动物的区别（《论语·颜渊》）。这也就是文野之分的道理。所以，孔子认定："质胜文则野，文胜质则史。文质彬彬，然后君子。"（《论语·雍也》）"文质彬彬"，是指在文与质之间寻求适当的平衡。

然而有些人偏会附庸风雅，小人还常常文过饰非："小人之过也，必文。"（《论语·子张》）如子贡所讨厌的"徼（音交，抄袭）以为知者""不孙以为勇者""讦（音杰，揭人之短）以为直者"（《论语·阳货》），都属为君子所恶的"伪君子"。所以，孔子又有君子名实之辨。

（二）君子名实之辨

君子名声好听，困难在于名副其实。孔子说："君子病无能焉，不病人之不已知也。"(《论语·卫灵公》)"人不知而不愠，不亦君子乎？"(《论语·学而》)是真君子自风流，不在乎虚名；反之，如果到死还徒有君子虚名，而无君子之实（文与质），"名不称焉"，这才是终生遗憾(《论语·卫灵公》)。

四、君子学说的性质

关于孔子的"君子学说"，其中的若干关键词如"君子""小人""知""仁""勇"等，孔子多有表述，而这些表述都非给这些概念下定义。这类议论也并非都以弟子为谈话对象。它们或是孔子有感而发。其中自然也有不少是针对弟子（质疑者或非质疑者）的精神状态、行为表现，尤其是治学态度而发表的有指导价值的言论。如何看待这种类型的"对话式"的教与学呢？

就以"君子"这个论题为例。如果老师给出关于"君子""知""仁""勇"之类概念的定义（属于注入式），或者像苏格拉底那样，引导其谈话对象一步一步舍弃这些语词指称对象的非本质特征，而使谈话对象自己发现客观对象的本质特征，从而得出相关概念的定义（"产婆术"），那么这种对话对谈话对象的现有精神状态、行为表现未必能发生多大影响。如果硬要学生把自己的精神状态、行为表现，同这个或那个定义或理所当然的道理加以对照，以便找出差距，那便成为教条式的教与学。因为从普遍的概念、一般道理到个人具体情况，要经过许许多多步骤的逻辑推理，才能合理地确定它们之间的必然联系。这种简单化的做法，自然同“产婆术”无干。

孔子的君子之教，犹如现代的“案例教学”，是反复从不同案例中，揭示某种价值观念的真谛，针对弟子的精神状态、行为表现，尤其是治学态度，为其指出行动的方向。单是把“君子”与“小人”加以对比，至少就有18次之多，从而使谈话对象（其中包括弟子）了解君子的本色和致君子之道。

孔子旨在弘扬君子，当以“待君子之道”待之。对他，也就不必以逻辑推理苛求。

五、今古势易话伦理之教

中国古代所谓“君子”，就是那个时代的“文明人”，或那个时代的“人格”。“小人”为触犯当时伦理底线，丧失“人格”的人。不过，在孔子所处时代，“君子”与“小人”虽属伦理学范畴，而其作为“治者”与“被治者”的含义并未尽失。如“君子学道则爱人，小人学道则易使”（《论语·阳货》）。

谈到孔子的“君子”之见，也像他别的见解一样，本人不想议论其中有无“现实意义”问题。因为从那时起，人类文明已经发生了巨大的变化。不用说，不同时代衡量文明与野蛮的标准不同，社会通行的行为准则多有变化。不过，现代文明毕竟从历史文明演化而来。它与传统文明之间的价值判断，并非非此即彼、非彼即此那么简单。不讲别的，就说孔子弟子唾弃的“徼以为知者”“不孙以为勇者”“讦以为直者”之类伪君子，其后裔如今也不少见，即使添加了什么“博士”头衔，今人会以为这种货色是“真君子”么？话虽如此，这里仍只把孔子的“君子”之见，作为历史上曾经存在过的言论，加以整理，无非是为了增进对孔子之教的认识。

“君子”原为贵族的称谓。“君子”与“小人”表示身份、贵贱的区别。时至春秋末期，它们逐渐被纳入伦理道德的范畴。孔子基本上也是在伦理道德的意义上使用这两个称谓。不过，由于中国古代的道德概念，与如今通用的道德概念含义不尽相同，也就有必要对孔子以及在其影响下中国古代的君子与小人对举之说，重新加以审视。

在《论语》中，有18章专谈君子与小人之别。这种君子与小人的对举的思维，就道德人格来说，无形中造成一种错觉。仿佛非君子即小人，非小人即君子。其实，即使在孔子所处的时代，实际情况也未必如此。因为君子与小人只是为数有限的居于道德水准两端的人，即道德高尚的人与缺德的人，而在正常状态的社会中，尚有达不到君子水准但并不缺德的有道德的人，他们约占人口中的多数。如果说“君子喻于义”，那么一般人不见得都“喻于利”（《论语·里仁》）;“君子固穷”，非君子却未必“穷斯滥矣”（《论语·卫灵公》）;“君子成人之美”，非君子何尝都“成人之恶”（《论语·颜渊》）；如说“君子上达，小人下达”（《论语·宪问》），也还得承认尚有既不“上达”又不“下达”的人群在。

不过，话又得说回来。由于作为身份称谓的“君子”与“小人”毕竟是历史形成的习俗，故孔子论及君子与小人之别时，可能存在两种不同的含义，即有时是道德意义的区分，有时则是身份意义的区分。如说：“言必信，行必果，硁硁然小人哉！”（《论语·子路》）其中所谓“小人”，显然非指缺德之人。

孔子所谓“君子之德”，算是一种什么见识呢？

道德，有习俗道德与伦理道德之分。习俗道德为历史形成的共同生活的行为准则，作为区分行为善恶的标准。如果说习俗道德为已经约定的行为规范，那么伦理道德则是有识之士倡导的“应有的”行为准则。由于习俗道德有赖于舆论与个人良心的支撑，所以它只能是衡量行为善恶标准的底线。任何社会如果不能有效地维护道德底线，将会导致共同生活的混乱，反之，如果共同的行为准则局限于道德底线，社会的道德水准将停滞不前。故有倡导伦理道德的必要。当人们普遍达到伦理道德的水准（把它从应然道德转化为实然道德）时，原先的伦理道德也就转化为较高水准的习俗道德。此后又会以更高水准的伦理道德取代原先的伦理道德。孔子所谓“君子之德”，就属于伦理道德的范畴。

问题在于孔子因缺乏习俗道德观念，而把“君子之德”视为唯一的道德。这才有把不见得“（习俗）道德”的人贬为缺德的“小人”之嫌。

孔子心目中的“君子之德”，超出了以善恶判断为标准的“道德”的范畴，把君子视为超出常人的高尚而完善的人。如“君子有九思”，其中“视思明，听思聪”等，同德并无必然联系。因为在聪明人中，缺德者大有人在。君子固然讲求言行一致，由于言或行都有善恶之分。言行一致，还得视其动机如何、效果怎样，才能分出“德”与“非德”、“德”与“缺德”。

如果说历史形成的习俗道德，由于得到广泛认同与舆论调节，其规范几乎不言自明，那么伦理道德则诉诸理性的支撑，作为个人自觉的价值追求，别人勉强不得。在开明的社会，对个人无须强求。孔子的“君子之德”虽在有别于习俗道德而作为提倡的应有的德行意义上可归入伦理道德的范畴，但又有别于一般的伦理道德。因为一般伦理道德的规范作为应有的行为准则，是可以界定的，而孔子弘扬的，实际上是超越行为准则的价值追求，不是可以界定的目标，而是理想化的努力方向。由于道德的高尚无止境，以致就连这位“大成至圣先师”本人也自认“躬行君子，则吾未之有得”（《论语·述而》）。如以为这是出于谦虚，那就未免小看了这位夫子。所以，如果可以作为“道德教育”与“思想教育”区分，那么，孔子授业更近于“思想教育”，属于意识形态影响，着重影响人们的价值追求。

第二章

君子之教［下］

孔子授业为君子之教。由于在春秋末期，“君子”已从身份称谓逐渐演变为伦理道德称谓，故孔子授业具有伦理道德指导的性质。孔子的君子之教并非以泛泛议论致君子之道为限，而重在躬行，且依礼而行。

一、“子以四教：文、行、忠、信”

关于孔子如何实施伦理之教，值得注意的是《论语》中有所谓“子以四教：文、行、忠、信”（《论语·述而》）概说。此说因属当事人的见证，或经当事人口传的记载，倒可能是近于事实的概括。不过，此说也不无可议之处。

1.“文”“行”“忠”“信”，不是基于同一标准的划分。它们不属同一层面的问题，怎成为并行的“四教”？

2. 就伦理之教而言，孔子授业中不乏“孝悌之教”“仁义之教”“礼乐之教”，怎限于“忠信之教”？

3. 夫子尚有“行有余力，则以学文”（《论语·学而》）一说，同文先行后的次序颠倒，两者之间是否抵牾？

要论这些可议之处，究竟是“子以四教”一说本身存在的问题，还是后人（包括本人）理解中发生的问题，自然取决于对“四教”原意的理解。对它的理解，少不得以《论语》中传递的有关“文”“行”“忠”“信”之类信息为依据。

（一）忠信之教

君子行为准则很多，就“子以四教”一说而言，为什么留给弟子印象深刻的为忠信之教？

表2.1 《论语》中关于“忠”的言论

类　别	项目	言　　论	出　处
作为一般行为准则的“忠”	忠于人	曾子曰:“吾日三省吾身，为人谋而不忠乎?”	《论语·学而》
		子曰:“参乎！吾道一以贯之。”……曾子曰:“夫子之道，忠恕而已矣！”	《论语·里仁》
		樊迟问仁，子曰:“居处恭，执事敬，与人忠。”	《论语·子路》
	忠于长上	子曰:“孝慈，则忠。”	《论语·为政》
	忠于朋友	子贡问友。子曰:“忠告而善道之，不可则止，毋自辱焉。”	《论语·颜渊》

（续表）

类　别	项目	言　　论	出　处
作为一般行为准则的“忠”	忠于职守	子张问曰：“令尹子文三仕为令尹，无喜色；三已之，无愠色。旧令尹之政，必以告新令尹。何如？”子曰：“忠矣！”	《论语·公冶长》
		子张问政。子曰：“居之无倦，行之以忠。”	《论语·颜渊》
	忠于事业	子曰：“忠焉，能勿诲乎？”	《论语·宪问》
以君为对象之“忠”		孔子对曰：“君使臣以礼，臣事君以忠。”	《论语·八佾》

“忠”，《说文解字》解为“敬也，尽心曰忠”。上述言论（见表2.1）表明孔子及其弟子正是在“忠”的一般意义上讨论相关问题。只是偶然把“忠”作为臣事君之道。看来不过是以敬重一般长上之道敬重君主而已。

表2.2 《论语》中关于“信”的言论

类　别	项　目	言　　论	出　处
作为一般行为准则的“信”	取信于人	子曰：“人而无信，不知其可也。”	《论语·为政》
		有子曰：“信近于义，言可复也。”	《论语·学而》
		曾子言曰：“……正颜色，斯近信矣。”	《论语·泰伯》
	敬事而信（含取信于民）	子曰：“道千乘之国，敬事而信……”	《论语·学而》

（续表）

类 别	项 目	言 论	出 处
作为一般行为准则的“信”	敬事而信（含取信于民）	子曰：“……谨而信，泛爱众，而亲仁。”	《论语·学而》
		子贡问政。子曰：“……自古皆有死，民无信不立。”	《论语·颜渊》
		子曰：“……上好信，则民莫敢不用情。”	《论语·子路》
		子夏曰：“君子信而劳其民……”	《论语·子张》
		子曰：“述而不作，信而好古，窃比于我老彭。”	《论语·述而》
		子曰：“笃信好学，守死善道。”	《论语·泰伯》
	不轻信，不臆测	子曰：“始吾于人也，听其言而信其行；今吾于人也，听其言而观其行。于予与改是。”	《论语·公冶长》
		子曰：“狂而不直，侗而不愿，悾悾而不信，吾不知之矣。”	《论语·泰伯》
		子曰：“不逆诈，不亿［臆］不信，抑亦先觉者，是贤乎！”	《论语·宪问》
以友为对象之“信”		曾子曰：“吾日三省吾身：……与朋友交而不信乎？”	《论语·学而》
		子夏曰：“……与朋友交，言而有信。虽曰未学，吾必谓之学矣！”	《论语·学而》
		子路曰：“愿闻子之志。”子曰：“老者安之，朋友信之，少者怀之。”	《论语·公冶长》

"信",《说文解字》解为"诚也"。其实,"忠"也是出于由衷的诚意,通称"忠诚"。表明"忠""信"属于同一层面的价值观念。只是"信"表示诚实,不欺。上述言论(见表2.2)同样表明,孔子及其弟子是在"信"的一般意义上讨论相关问题。只是偶尔把"信"作为交友之道。

由于"忠"表示由衷的善意,"信所以守也"(《国语·周语上》)。故"忠""信"两者不可或缺。因为出于衷心的善意,才能排除可能发生的诱惑而坚守既定的价值选择,"把忠进行到底"。反之,只有善意而不能坚守,那就"诚"而不"实"。所以孔子常把"忠""信"并提(见表2.3)。

表2.3 《论语》中的"主忠信"之论

类　别	论　　述	出　　处
主忠信之于敬德修业	曾子曰:"吾日三省吾身:为人谋而不忠乎?与朋友交而不信乎?传不习乎?"	《论语·学而》
	子曰:"君子不重则不威,学则不固。主忠信,无友不知己者,过则勿惮改。"	《论语·学而》 《论语·子罕》
	子曰:"十室之邑,必有忠信如丘者焉,不如丘之好学也。"	《论语·公冶长》
	子曰:"主忠信,徙,崇德也。"	《论语·颜渊》
主忠信之于安邦治国	子张问行。子曰:"言忠信,行笃敬,虽蛮貊之邦行矣;言不忠信,行不笃敬,虽州里行乎哉?"	《论语·卫灵公》

关于"主忠信"在孔子授业所持的价值-规范体系中的地位,容后再议。接着讨论的是行之教。

（二）行之教

孔子授业中的忠信之教，并非泛泛议论“忠”“信”而已，而重在解决自我修养与人际交往中实际存在的忠信问题。其中主要是忠信真伪之辨，而辨别忠信的关键，又在于言、行之辨。

关于这个问题，孔子颇有切身体会，这便是：“始吾于人也，听其言而信其行；今吾于人也，听其言而观其行。于予与改是。”（《论语·公冶长》）由此也就明白（或更加体会）一个道理：“有德者必有信，有言者不必有德。”（《论语·宪问》）故在授业中，少不得对君子之言加以鉴别。主要根据行动，尤其是一以贯之的行动，检验个人在自我修养与人际交往中言论的真伪，从而识别忠信的真伪。唯其如此，孔子授业中的这种取向，才给其弟子留下深刻印象。这便是“子以四教”中的行之教。

自然，言、行之辨的意义，不局限于忠信之教。因为个人在自我修养与人际交往中，所言是否由衷，所言所行是否可信，对于识别君子的真伪具有普遍意义。故行之教，实是“子以四教”中的关键。

表2.4 《论语》中同言、行之辨相关的记载

类　别	记　　　载	出　　处
耻言过其行	子曰：“巧言令色，鲜以仁。”	《论语·学而》
	子曰：“巧言令色足恭，左丘明耻之，丘亦耻之。”	《论语·公冶长》

（续表）

类　别	记　　　　载	出　　处
耻言过其行	子曰："其言之不怍，则为之也难。"	《论语·宪问》
	子曰："君子耻其言而过其行。"	《论语·宪问》
言行一致	子贡问君子。子曰："先行其言而后从之。"	《论语·为政》
	子曰："古者言之不出，耻躬之不逮也。"	《论语·里仁》
	子曰："……故君子名之必可言也，言之必可行也。君子于其言，无所苟而已矣！"	《论语·子路》
	孔子曰："言必信，行必果，硁硁然小人哉！抑亦可以为次矣！"	《论语·子路》
敏行慎言	孔子曰："……言思忠……"	《论语·季氏》
	子曰："……敏于事而慎于言……可为好学也已。"	《论语·学而》
	子曰："君子欲讷于言而敏于行。"	《论语·里仁》
	子路有闻，未之能行，唯恐有闻。	《论语·公冶长》
	司马牛问仁。子曰："仁者，其言也讱。"［司马牛］曰："其言也讱，斯谓之仁已乎？"子曰："为之难，言之得无讱乎！"	《论语·颜渊》
	子曰："刚、毅、木、讷近仁。"	《论语·子路》
言必有中	子曰："［闵子骞］夫人不言，言必有中。"	《论语·先进》
	子曰："可与言而不与之言，失人。不可与言而与之言，失言。知［智］者不失人，亦不失言。"	《论语·卫灵公》

(续表)

类别	记载	出处
言必有中	子路:“君子不以言举人，不以人废言。”	《论语·卫灵公》
	孔子曰:“侍于君子有三愆：言未及之而言，谓之躁；言及之而不言，谓之隐；未见颜色而言，谓之瞽。”	《论语·季氏》

由表2.4可见，“子以四教”中的行之教，重在“行”之关注与“言”之辨别，即以“行”证“言”，以“行”表“忠”，以“行”证“信”。

（三）文之教

关于《论语》中提到的“文”，在古代注家中有两种不同的解说。一说是指古代典籍，如“文者，古之遗文”（魏代何宴《论语集解》中转引后汉马融语），“文，道艺也”（唐代陆德明《经典释文》转引东汉郑玄注）；清代有些学者否定典籍说，而把此语境中之“文”，解为文字之学（小学），如:“此因上文孝弟忠信爱仁而类记之。文者，字之始。诵法六经，先正声音文字，谓小学也。”（清代刘逢禄《论语述何篇》），“文，字也。非诗、书六艺之文。言弟子稍闻，使学字耳。”（毛奇龄《四书言》转引姚际恒语）

以上两说虽然不同，一指典籍，一指典籍考辨，其实不过出于汉代经学与清代经学的区别而已。在孔子所处时代，何尝存在什么小学，由于提到“学文”，故称所学“古之遗文”，未尝不可。

依此看来，在上述诸解说中，不直解反比强解审慎。

《论语》中提到“文”约20处，所提到的“文”一词多义（见表2.5）。

表2.5 《论语》中关于“文”的记载

类　别	记　载	出　处
文质对举： “文”指文明行为、君子作风	子曰：“质胜文则野，文胜质则史。文质彬彬，然后君子。”	《论语·雍也》
	棘子成曰：“君子质而已矣，何以文为？”子贡曰：“惜乎，夫子之说君子也！驷不及舌。文犹质也，质犹文也，虎豹之鞟犹犬羊之鞟。”	《论语·颜渊》
	曾子曰：“君子以文会友，以友辅仁。”	《论语·颜渊》
	子贡问曰：“孔文子何以谓之‘文’也？”子曰：“敏而好学，不耻下问，是以谓之‘文’也。”	《论语·公冶长》
文献对举： “文”指典籍，“献”指口碑资料	子曰：“夏礼吾能言之，杞不足征也；殷礼吾能言之，宋不足征也。文献不足故也。”	《论语·八佾》
	子曰：“吾犹及史之阙文也。有马者，借人乘之。今亡以夫！”	《论语·卫灵公》
文道对举、文礼对举： “文”指典籍、文化	子贡曰：“夫子之文章，可得而闻也；夫子之言性与天道，不可得而闻也。”	《论语·公冶长》
	子曰：“君子博学于文，约之以礼，亦可以弗畔［叛］矣夫！”	《论语·雍也》

（续表）

类　别	记　　载	出　处
文道对举、文礼对举： “文”指典籍、文化	颜渊喟然叹曰：“……夫子循循然善诱人，博我以文，约我以礼，欲罢不能。”	《论语·子罕》
	子曰：“文，莫吾犹人也。躬行君子，则吾未之有得。”	《论语·述而》
	子路问成人。子曰：“……文之以礼乐，亦可以为成人矣。”	《论语·宪问》
	公叔文子之臣大夫僎，与文子同升诸公。子闻之，曰：“可以为‘文’矣。”	《论语·宪问》
文野对举： “文”指社会文明状态、礼乐之邦	子曰：“大哉尧之为君也，巍巍乎！唯天为大，唯尧则之。荡荡乎，民无能名焉。巍巍乎其有成功也，焕乎其有文章。”	《论语·泰伯》
	子曰：“周监于二代，郁郁乎文哉！吾从周。”	《论语·八佾》
	子畏于匡，曰：“文王既没，文不在兹乎？天之将丧斯文也，后死者不得与于斯文也。”	《论语·子罕》
文武对举： “文”指文事，“武”指武备	孔子曰：“……夫如是，故远人不服，则修文德以来之……”	《论语·季氏》

此外，尚有同德行、言语、政事对举的“文学”。

上述诸说中，凡对弟子所论，都不无文之教的含义。然而，“子以四教”中同忠信之教并行的文之教，自然会别有所指。关于这个问题，在上面所列言论中，颜渊所谓“夫子循循然善诱人，博我以文，约我以礼”（《论语·子罕》），可算是当事人的见证。何况孔子认定“君子博学于文，约之以礼，亦可以弗畔矣夫”（《论语·雍也》）。问题在于“博学于文”，是同“礼”对举之“文”。因同“礼”对举，未必符合文之教的原意。宋代邢昺疏“文谓先王之遗文”，几乎与“博学于文”同意。

看来有必要把“子以四教”特别是其中的文之教，放在孔子伦理架构的背景上审视。

《论语》中既有“子以四教：文行忠信”一说，而孔子另有“行有余力，则以学文”（《论语·学而》）之见，遂引起文、行先后之议。

梁代皇侃称：“《论语》之体，悉是应机适会，教体多方，随须而与，不可一例责之。”（皇侃：《论语义疏》）关于“行先文后”还是“文先行后”，着眼于《论语》体例，算是以不解为解。

宋代张栻称：“非谓行此数事有余力而后学文也。言当以是数者为本，以其余力学文也。”（转引自元代陈天祥《四书辨疑》）此解对于“行先后文”未作正面解释，但暗含此意。

清代刘宝楠解说的意思是：先行后文，适用于童子；先文后行，专对成人（刘宝楠：《论语正义》）。不过，“先行后文”，明明是就“弟子”而论，孔子授业原非童蒙之学，与童子何干？

说到这里，不免怀疑：文、行孰先孰后，到底能否算是一个问题？

其实，“文”“行”“忠”“信”在逻辑上并非横向并立关系。如果从动态的观点看来，它同行先文后都表示纵向的运作过程。

或以礼乐为立身之本，见诸“行”，从而形成“忠”“信”之类品性，或从“忠”“信”之德到“忠”“信”之行，且文之以礼乐。有道是“横看成岭侧成峰，远近高低各不同”，此之谓也。这便是一种实践的逻辑。

话虽如此，不免有过度解释之嫌。人们之所以觉得文、行先后成为问题，或多或少把有关文、行的两个判断视为教条。其实，孔子往往针对重文轻行的对象，以行为先，针对重行轻文的对象（如子路），以文为重。所以，在孔子那里，硬要区分文、行先后是没有意义的。后人就此类判断推来敲去，是不是把“无适、无莫”的夫子当作教条主义者呢？

二、“四教”的伦理价值

孔子未必已经创立成熟的伦理价值体系，然而从他在不同场合、针对不同实际问题发表的相关言论中，或许可能把其伦理架构，梳理出一个头绪。在孔子授业中，留给弟子的印象为什么是忠信之教呢？

由于真诚而又可信，属于自我修养与人际交往中起码的价值层次。此理，孔子本人把“忠”“恕”作为自己“一以贯之”之道，他志在“老者安之，朋友信之，少者怀之”，曾参把“忠”“信”列入每日反思之要，孔子所谓“人而无信不知其可也”（《论语·为政》）、“信则人任焉”（《论语·阳货》），都足以证明。所以，忠信之教，属于君子之教中的基础教育。

然而，单是真诚而又可信，尚不足以成为君子。忠于什么人、什么事，信守什么、相信谁，存在多种可能性。例如，“好信不好学，其蔽也乱”，“好直不好学，其蔽也绞”（《论语·阳货》）。“直”倒往往出于善意与真诚。“言必信，行必果”，虽也难得，只是它毕竟“抑亦可以为次矣”，所以即使是忠信之“言”与“行”，仍须以较高价值层次的标准衡量。其中具有普遍意义的较高价值标准，便是孔门经常议论的仁和义。

其实，合乎仁和义的行为，情况依然有别。其中一例是，宰我问：假如有人告诉一个有仁德的人，有一个人跌入井里，他是不是应该下井去救他呢？孔子回答：何必如此呢？君子虽可以设法去救，但不一定自己下井去救，“君子可欺也，不可罔也”（《论语·雍也》）。如果有那位仁人受别人怂恿，自不量力，傻乎乎跳入井中，那就叫作“好仁不好学，其蔽也愚”（《论语·阳货》）。恭虽属于仁的表现，然而，“恭而无礼则劳”（《论语·泰伯》）。可见，即使是合乎仁义的行为，仍须以礼节制。这就是“克己复礼为仁”（《论语·颜渊》），“不知礼，无以立也”（《论语·尧曰》）。

由于孔子以西周礼乐制度为价值追求，也就以礼乐为其核心价值观念。

由此可见，列入“子以四教”的文之教，当指礼乐之教，即：使言与行“文之以礼乐”（《论语·宪问》）。虽不局限于“先王之遗文”，而“先王之遗文”，如《诗》《书》、礼及乐章，作为礼乐之教的依据，自然包含其中。

附带说明的是，孔子并未给“忠”“信”“仁”“义”“礼”

"乐"下定义。这些词语表达的不是逻辑的概念，而是不同层次的价值观念。故在他那里，实际上并不存在伦理道德的理论架构。唯其如此，也就不必把机械的架构反套于孔子授业。这是由于孔子无论是自我修养还是授业，都致力于解决实际问题。唯其如此，尽管在孔子的言论中，显示出价值观念的层次，而他并不把任何一个价值判断作为教条。

例如，当他察觉对忠信的运用存在问题的时候，便赋忠信以仁义的内涵，或以仁义矫正忠信运用中的不当行为。如"仁者，其言也讱"(《论语·颜渊》)，"巧言令色，鲜以仁"(《论语·学而》)，"信近于义，言可复也"(《论语·学而》)，反之，忠信则使仁义落到实处。

同样，在一种情况下，断定"克己复礼为仁"(《论语·颜渊》)，而在另一种情况下，则指出："人而不仁，如礼何？人而不仁，如乐何？"(《论语·八佾》)

这或许正是实践理性的特点。

明乎此，便可理解，由于"文""行""忠""信"不属于同一层面的问题，故"子以四教"，不属于逻辑分类。它是弟子从乃师授业中留下的印象，也就对"四教"的次序，按权重排列。其实，这"四教"按照价值观念层次排列，倒是一个由浅入深的指导过程。即：从忠信价值–规范到忠信之行（其中"言"在交往中的表现亦同"行"相关），再到忠信之行受到文（礼、乐）的指导与节制，以便成为君子。唯其如此，这里关于"子以四教"的讨论才从忠信之教谈起。

三、君子之规

孔子深有感触地说："圣人，吾不得而见之矣！得见君子者，斯可矣！"（《论语·述而》）表示君子亦不可多得。他甚至谦称："文，莫吾犹人也［或断为'文莫，吾犹人也'］。躬行君子，则吾未之有得。"（《论语·述而》）因为按照孔子的君子之道，躬行君子并非易事。

《论语》中提到的君子之思、君子之言、君子之行等，都有一定之规（见表2.6）。

表2.6 《论语》关于"君子之规"的记载

类　别	记　　　载	出　　处
君子之思	孔子曰："君子有九思：视思明，听思聪，色思温，貌思恭，言思忠，事思敏，疑思问，忿思难，见得思义。"	《论语·季氏》
	曾子曰："君子思不出其位。"	《论语·宪问》
君子之言	子曰："君子欲讷于言而敏于行。"	《论语·里仁》
	子曰："君子耻其言而过于行。"	《论语·宪问》
君子之行	子曰："君子义以为质，礼以行之，孙以出之，信以成之，君子哉！"	《论语·卫灵公》
君子之戒	孔子曰："君子有三戒：少之时，血气未定，戒之在色；及其壮也，血气方刚，戒之在斗；及其老也，血气既衰，戒之在得。"	《论语·季氏》

四、致君子“三理”

怎样才能成为君子呢?

孔子说:“君子道者三，我无能焉。仁者不忧，知者不惑，勇者不惧。”(《论语·宪问》)或谓“知者不惑，仁者不忧，勇者不惧。”(《论语·子罕》)子贡把它看成“夫子自道”(《论语·宪问》)。问题是以“知”“仁”“勇”为君子之道，到底是什么意思，“知”“仁”“勇”本身是不是道德规范?何谓“知”“仁”“勇”，尽管“知者不惑，仁者不忧，勇者不惧”，而“不惑者”却未必是“知者”，“不忧者”不见得都是“仁者”，“不惧者”更不见得都称得上是“勇者”。故须对孔子所谓“君子之道”加以分辨。

“知”“仁”“勇”作为“君子之道”，究竟是什么意思呢?从《中庸》的“五达道”“三达德”之说，或可得到启发。

中国古代早期“德”是同“道”对举的概念。“道”是作为高尚的价值观念与符合某种价值标准的行为准则，“德”为个人行“道”所应当具备的品行。《中庸》提出：

天下之达道五，所以行之者三。曰：君臣也，父子也，夫妇也，昆弟也，朋友之交也。五者，天下之达道也。知、仁、勇三者，天下之达德也，所以行之者一也。

以“五伦”为核心的“道”，是作为行为标准的规范;“德”的原词为“悳”，似乎指“正直的心”，实为“得”的意思(得道之得）。以“知”“仁”“勇”为“三达德”的道理何在呢？

就道德行为来说，单靠外在压力（如舆论），就可能使人循规蹈矩。若要经常循规蹈矩，成为有道德的人（君子），还须有一定的道德修养，形成内在的优良品格。由于影响人的一般行为的心理要素，为认知、情感与意志，一旦认知上升为智慧（知者）、情感充满仁爱（仁者）、意志而有勇气见诸行动（勇者），便成为内在的道德品格（修养）。这种内在的道德品格，相当于后来所谓“道德性格的力量”（赫尔巴特）。故孔子所谓“君子道者三”，实际上属于致君子之道。

不过，“不惑”“不忧”“不惧”，只在消极意义上解释“知”“仁”“勇”。好在从《论语》中可以看出，孔子在不同场合还有“知”“仁”“勇”的正面解说（见表2.7）。

表2.7　孔子在不同场合对“知”“仁”“勇”的正面解说

类　别	解　　说	出　　处
君子之知	子曰：“君子之于天下也，无适也，无莫也，义之与比。”	《论语·里仁》
	子曰：“君子不可小知而可大受也。”	《论语·卫灵公》
	子曰：“不知命，无以为君子也；不知礼，无以立也；不知言，无以知人也。”	《论语·为政》
	子曰：“君子去仁，恶乎成名？君子无终食之间违仁，造次必于是，颠沛必于是。”	《论语·里仁》
	曾子曰：“可以托六尺之孤，可以寄百里之命，临大节而不夺也。君子人与？君子人也。”	《论语·泰伯》

（续表）

类　别	解　　说	出　　处
君子之知	子曰："君子谋道不谋食。耕也，馁在其中矣；学也，禄在其中矣。君子忧道不忧贫。"	《论语·卫灵公》
	有子曰："……君子务本，本立而道生。孝弟也者，其为仁之本与！"	《论语·学而》
	子贡曰："……夫仁者，己欲立而立人，己欲达而达人。能近取譬，可谓仁之方也已。"	《论语·雍也》
	仲弓问仁。子曰："……己所不欲，勿施于人。在邦无怨，在家无怨。"	《论语·颜渊》
	子张问仁于孔子。孔子曰："能行五者于天下，为仁矣。""请问之。"曰："恭、宽、信、敏、惠……"	《论语·阳货》
	子曰："苟志于仁矣，无恶也。"	《论语·里仁》
知与仁	子曰："……仁者安仁，知者利仁。"	《论语·里仁》
	宰我问曰："仁者，虽告之曰，'井有仁焉'，其从之也？"子曰："何为其然也？君子可逝也，不可陷也；可欺也，不可罔也。"	《论语·雍也》
君子之勇	子曰："刚、毅、木、讷近仁。"	《论语·子路》
	子曰："……仁者必有勇，勇者不必有仁。"	《论语·宪问》
	子路曰："君子尚勇乎？"子曰："君子义以为上，君子有勇而无义为乱，小人有勇而无义为盗。"	《论语·阳货》
	子曰："……见义不为，无勇也。"	《论语·为政》

这里说的是何谓君子之智、君子之仁、君子之勇，如何才能形成“知”“仁”“勇”之类道德性格呢？《中庸》援引孔子之说：“好学近乎知，力行近乎仁，知耻近乎勇。”唯在孔子的观念中，力行、知耻都属“学”题中应有之义。所以他对子路说：“好仁不好学，其蔽也愚，好知不好学，其蔽也荡……好勇不好学，其蔽也乱。”（《论语·阳货》）这就是说，好学才是致君子的根本之途。

这是就个人修养而言。如就一般情况而论，君子的造就还同环境影响相关。孔子称其弟子宓不齐（字子贱），算得上是君子：“君子哉！若人。”并认为“鲁无君子者，斯焉取斯”（《论语·公冶长》），在《孔子家语·子路初见篇》中，为“鲁无君子者，则子贱焉取此”，意思更为明白。

孔子还谈到“侍于君子有三愆”（愆，音千，过失），即：“言未及之而言，谓之躁；言及之而不言，谓之隐；未见颜色而言，谓之瞽。”（《论语·季氏》）表示对君子的信任与尊重。

五、今古势易话伦理之教

孔子的君子之教，并非泛泛地议论致君子之道。他不仅描述君子与小人价值追求、心胸气度、对己对人与处事态度的不同，还把一系列基本价值观念作为师—弟子经常议论的话题。“子以四教”，便是其弟子从乃师授业中得出的印象。自然，这种出于个人印象的概括不见得全面，在《论语》传递的信息中，除了文、行、忠、信以外，还有仁、义、孝、悌之类论题。诸如此类说法，像是道德概念或道德规范，其实，它们既有别于行为准则，又与行为准则相关，实际上属于道德价值观念。

如果说作为道德行为准则的道德规范，旨在给人的行为定位（防止越位），那么道德价值观念，如仁、义、忠、信、孝、悌等，则作为个人应有的内在追求和行动方向，影响人的意识。人们在认同这种意识后自己调节个人的行为，而达到这种境界，是一个不断修身的过程。

唯其如此，尽管人都道孔子思想以仁为核心，尽管孔子学而不厌，又诲人不倦，若问孔门弟子中谁是“仁人”，例如：子路、冉有、公西华仁乎？孔子的回答则是“不知其仁也”（《论语·公冶长》）。就连夫子也自称：“若圣与仁，则吾岂敢？”（《论语·述而》）

话虽如此，忠、孝、仁、义之类价值观念在尔后漫长岁月里，不仅在士阶层中代代相传，而且在普通百姓中亦有广泛影响，以致几乎成为中国古代习俗的道德规范。尽管名副其实的志士仁人、忠臣孝子毕竟有限，终究不失为良风美俗。问题在于以一元化的意识形态约束个人的思想意识，较之主要以行为准则调节个人行为，更成为对个人的束缚。

现代社会以历史形成和适应现代人际关系的习俗道德作为伦理底线，规范人的行为，同时，把个人的价值追求，作为个人自主的选择，既使社会氛围较为宽松，又使缺德的个人陷于孤立，从而使社会得以正常运转。问题在于社会道德不仅有赖于健康舆论的支持，而且取决于个人的良知与价值追求。随着价值多元化的趋势越来越明显，道德的价值层面越来越受到关注。

第三章

以礼乐为核心价值观念的“君子儒”之教

孔子实施的君子之教，具有伦理道德教育的性质，又有别于一般的伦理道德教育。因为它以《诗》《书》、礼、乐为依据，注重德行受礼乐调节，为“君子儒”之教。

《史记》载：“孔子以诗书礼乐教，弟子盖三千焉。身通六艺者七十有二人。”(《史记·孔子世家》)其中的问题在于：如何证实孔子授业为诗、书、礼、乐之教？所谓“六艺”何所指？诗、书、礼、乐之教同“六艺”是否对应？后人或把诗、书、礼、乐标上书名号，表示孔子实施的是《诗》《书》《礼》《乐》之教，其可靠性如何？七十余弟子是否均为“身通六艺”的“智能之士”？如今固然无法对这些问题作出确切的回答，不过，仍不妨以《论语》所传递的信息为素材，在可能的范围内，对同孔子授业相关的问题加以验证。鉴于《论语》所传递的信息非常有限，故这里拟作的不过是一种尝试。

一、“六艺”传说

“六艺”一词，原出于《周礼》。《周礼》所谓“六艺”是怎么一回事呢？

《周礼》关于“大司徒之职”的规定中，包括：“颁职事十有二于邦国都鄙，使以登万民”（其中第十为“学艺”）；“以乡三物教万民而实兴之”。这“乡三物”为：一曰“六德”（知、仁、圣、义、忠、和），二曰“六行”（孝、友、睦、渊、仁、恤），三曰“六艺”（礼、乐、射、御、书、数）（《地官·大司徒》）。

《周礼》关于“师氏”之职的规定为，“师氏掌以媺诏王”，“以三德教国子”（包括至德、敏德、孝德），“教三行”（包括孝行、友行、顺行）（《地官·师氏》）。

《周礼》关于“保氏”之职的规定为，“保氏掌谏王恶，而养国子以道，乃教之六艺”。这“六艺”为“五礼、六乐、五射、五驭、六书、九数”，“乃教之六仪”（《地官·保氏》）。

由此可见：（1）“乡三物”原以“万民”为对象，“六德”“六行”与“六艺”非指宫廷之学；（2）“师氏”与“保氏”之职，似以“国子”为对象，而“师氏”以“教”为本职，“保氏”以“养”为本职。“六艺”似属于“养国子以道”范围。何况“养国子以道”除了“六艺”之外，还有“六仪”。

所以，无论把周氏“万民”之学还是“国子”之学归结为“六艺”，都属断章取义。至于《周礼》中异常烦琐的规定，究竟在多大程度上成为客观事实，不知谁能说得清楚。

其实，司马迁不过是借用《周礼》中“六艺”一词而赋以新义。更确切些说，他原是转达孔子的意思。据称孔子曰："六艺于治一也：《礼》以节人，《乐》以发和，《书》以道事，《诗》以达意，《易》以神化，《春秋》以义。"唯在《史记》中，此引语既不是出自《孔子世家》，也非出自《仲尼弟子列传》，而出自《滑稽列传》，未免有点滑稽。难道《滑稽列传》的各位传主，即当时的滑稽大王，为"身通六艺"的"智能之士"么？

再说，孔子的这种"六艺"之说算是其授业的自况么？他是这种人么？

且不说"子不语怪、力、乱、神"（《论语·述而》），打算"五十以学《易》"（《论语·述而》），直到他去世时，《春秋》尚未定稿，他凭什么传授"新六艺"？唯其如此，有关孔子实行"新六艺"之教，后人信之者虽众，不尽信者亦大有人在。

梁启超称，自汉以来，都称孔子删《诗》《书》，定《礼》《乐》，赞《易》，作《春秋》。他对此持保留态度。依他之见，孔子删《诗》《书》，不可信。"纵有关系也不大"；《仪礼》非周公所作，或许有一部分为通行之礼，经孔子审定，另一部分为孔子所作；《乐》在当时或许是谱，同孔子有密切关系；《易》的《彖象》为孔子所作，《系辞》《文言》属孔门后学所作；《春秋》的《公羊传》，有一部分为孔家所有，另一部分为后儒所加。总之，"认《诗》《书》是孔子教人的课本，认《礼》《乐》同孔子有密切的关系"。话虽如此，他自认"如此辨别，也无标准。只好凭忠实的主观武断"。[1]忠实的主观武断也属主观判断。

---

① 梁启超.中国历史研究法［M］.上海：东方出版社，1996：268–269.

郭沫若断言，孔子不曾见过《易》，且在先秦儒家中，“荀子为谈到《易》的唯一的人”。[①]可备一说。

尽管他们意见不尽一致，他们并不否认孔子授业为“诗、书、礼、乐、之教”。不过，就算是“诗、书、礼、乐之教”，倒未必如梁氏所说以《诗》《书》为“教人的课本”。因为在纸张与印刷术发明以前，采用课本授业是难以想象的事情。

周代以刀漆作笔，竹木为纸。竹书称“册”或“简”，木书称“方”或“版”。其记古训者，为“典”，记版图户口者，为“籍”，记当代掌故者，为“策”。大事出于“策”，小事“简”“牍”而已。据称合“典”“籍”“策”为授业材料时，统称为“业”。[②]似乎早有教材。其实，所谓“请业则起”（《礼记·曲礼》）、“时教必有正业”（《礼记·学记》），大抵属后来的追述。孔子有典、籍、策收藏[③]，或可断定，即使有，在游学中也不便携带。至于弟子各备典、籍、策，更难以想象。

单就“诗、书、礼、乐之教”来说，从《论语》传递的信息看来，孔子授业大抵在师—弟子问答中，经常涉及符合《仪礼》之“礼”，“礼”“乐”相辅相成之道，援引《诗》《书》为据，从而使众弟子的言行“文之以礼乐”，成为那个时代的“君子儒”。

如此说来，孔门君子之教，已经超越一般意义的伦理道德之教，而属于以礼乐为核心价值观念的“君子儒”之教。

---

① 郭沫若.十批判书［M］.上海：东方出版社，1996：153.

② 陈青之.中国教育史［M］.3版.上海：商务印书馆，1940：30.

③ 《史记·孔子世家》记载：“故所居堂、弟子内，后世因庙，藏孔子衣冠琴车书。”可证。

二、《论语》中的诗、书、礼、乐信息

《论语》中提到诗、书、礼、乐之处甚多。由于这里只拟讨论同孔子授业相关的问题，故有必要对《论语》中可资利用的资料作出选择。唯确定选择标准本身就是一个难题。经过反复斟酌，确定选材标准为：师—弟子对话中提到的诗、书、礼、乐（其中包括弟子的言论，以及弟子在场情况下孔子在同别人交往中的相关言论）；按理不包括未标明弟子不在场情况下孔子与他人的言论，由于这些言论毕竟是由孔门弟子及再传弟子传出来的，姑且也把这类言论包括在内。

兹将《论语》中提到的有关诗、书、礼、乐的言论分类罗列于表3.1。

表3.1 《论语》中的诗、书、礼、乐言论

类别		言论	出处	次数
诗	诗说	子曰："诗三百，一言以蔽之，曰：'思无邪'。"	《论语·为政》	17
		子曰："《关雎》，乐而不淫，哀而不伤。"	《论语·八佾》	
		子所雅言，《诗》《书》、执礼，皆雅言也。	《论语·述而》	
		子曰："兴于《诗》，立于礼，成于乐。"	《论语·泰伯》	
		子曰："师挚之始，《关雎》之乱，洋洋乎盈耳哉！"	《论语·泰伯》	
		子曰："吾自卫反鲁，然后乐正，《雅》《颂》各得其所。"	《论语·子罕》	

（续表）

类别		言论	出处	次数
诗	诗说	南容三复白圭，孔子以其兄之子妻之。	《论语·先进》	17
		子曰:“诵《诗》三百，授之以政，不达；使于四方，不能专对；虽多，亦奚以为?”	《论语·子路》	
		陈亢问于伯鱼曰:“子亦有异闻乎?”对曰:“未也。尝独立，鲤趋而过庭。曰:‘学诗乎?’对曰:‘未也。’‘不学诗，无以言。’鲤退而学诗。他日，又独立，鲤趋而过庭。曰:‘学礼乎?’对曰:‘未也。’‘不学礼，无以立。’鲤退而学礼。闻斯二者。”陈亢退而喜曰:“问一得三，闻诗，闻礼，又闻君子之远其子也。”	《论语·季氏》	
		子曰:“小子何莫学夫诗?诗，可以兴，可以观，可以群，可以怨。迩之事父，远之事君；多识于鸟兽草木之名。”	《论语·阳货》	
		子谓伯鱼曰:“女为《周南》《召南》矣乎?人而不为《周南》《召南》，其犹正墙面而立也与?”	《论语·阳货》	
	《诗》（引文）	子贡曰:“贫而无谄，富而无骄，何如?”子曰:“可也；未若贫而乐，富而好礼者也。”子贡曰:“《诗》云:‘如切如磋，如琢如磨。’其斯之谓与?”子曰:“赐也，始可与言诗已矣，告诸往而知来者。”	《论语·先进》	
		三家者以《雍》彻。子曰:“‘相维辟公，天子穆穆’，奚取于三家之堂?”	《论语·八佾》	

（续表）

类别		言论	出处	次数
诗	《诗》（引文）	子夏问曰："'巧笑倩兮，美目盼兮，素以为绚兮。'何谓也？"子曰："绘事后素。"曰："礼后乎？"子曰："起予者商也！始可与言诗已矣。"	《论语·八佾》	17
		曾子有疾，召门弟子曰："启予足！启予手！《诗》云，'战战兢兢，如临深渊，如履薄冰。'而今而后，吾知免夫！小子！"	《论语·泰伯》	
		子曰："衣敝缊袍，与衣狐貉者立，而不耻者，其由也与？'不忮不求，何用不臧？'"子路终身诵之。子曰："是道也，何足以臧？"	《论语·子罕》	
		子张问崇德辨惑。子曰："主忠信，徙义，崇德也。爱之欲其生，恶之欲其死。既欲其生，又欲其死，是惑也。'诚不以富，亦只以异。'"	《论语·颜渊》	
书	书说	子所雅言，《诗》《书》、执礼，皆雅言也。	《论语·述而》	4
	《书》（引文）	或谓孔子曰："子奚不为政？"子曰："《书》云：'孝乎惟孝，友于兄弟，施于有政。'是亦为政，奚其为为政？"	《论语·为政》	
		子张曰："《书》云：'高宗谅阴，三年不言。'何谓也？"子曰："何必高宗，古之人皆然。君薨，百官总己以听于冢宰三年。"	《论语·宪问》	
		周有大赉，善人是富。"虽有周亲，不如仁人。百姓有过，在予一人。"	《论语·尧曰》	

（续表）

类别		言论	出处	次数
礼	礼说	有子曰:“礼之用，和为贵。先王之道，斯为美；小大由之。有所不行，知和而和，不以礼节之，亦不可行也。”	《论语·学而》	37
		有子曰:“信近于义，言可复也。恭近于礼，远耻辱也。因不失其亲，亦可宗也。”	《论语·学而》	
		子贡曰:“贫而无谄，富而无骄，何如?”子曰:“可也；未若贫而乐，富而好礼者也。”子贡曰:“《诗》云:‘如切如磋，如琢如磨。’其斯之谓与?”子曰:“赐也，始可与言诗已矣，告诸往而知来者。”	《论语·学而》	
		子曰:“道之以政，齐之以刑，民免而无耻；道之以德，齐之以礼，有耻且格。”	《论语·为政》	
		孟懿子问孝。子曰:“无违。”樊迟御，子告之曰:“孟孙问孝于我，我对曰，无违。”樊迟曰:“何谓也?”子曰:“生，事之以礼；死，葬之以礼，祭之以礼。”	《论语·为政》	
		子张问:“十世可知也?”子曰:“殷因于夏礼，所损益，可知也；周因于殷礼，所损益，可知也。其或继周者，虽百世，可知也。”	《论语·为政》	
		子曰:“人而不仁，如礼何?人而不仁，如乐何?”	《论语·八佾》	
		林放问礼之本。子曰:“大哉问!礼，与其奢也，宁俭；丧，与其易也，宁戚。”	《论语·八佾》	

（续表）

类别		言论	出处	次数
礼	礼说	子曰："夏礼，吾能言之，杞不足征也；殷礼，吾能言之，宋不足征也。文献不足故也。足，则吾能征之矣。"	《论语·八佾》	37
		子入太庙，每事问。或曰："孰谓鄹人之子知礼乎？入太庙，每事问。"子闻之，曰："是礼也。"	《论语·八佾》	
		子贡欲去告朔之饩羊。子曰："赐也！尔爱其羊，我爱其礼。"	《论语·八佾》	
		子曰："事君尽礼，人以为谄也。"	《论语·八佾》	
		子曰："管仲之器小哉！"或曰："管仲俭乎？"曰："管氏有三归，官事不摄，焉得俭？""然则管仲知礼乎？"曰："邦君树塞门，管氏亦树塞门。邦君为两君之好，有反坫，管氏亦有反坫。管氏而知礼，孰不知礼？"	《论语·八佾》	
		子曰："能以礼让为国乎？何有？不能以礼让为国，如礼何？"	《论语·里仁》	
		子曰："君子博学于文，约之以礼，亦可以弗畔矣夫！"	《论语·雍也》	
		子所雅言，《诗》《书》、执礼，皆雅言也。	《论语·述而》	
		陈司败问昭公知礼乎，孔子曰："知礼。"孔子退，揖巫马期而进之，曰："吾闻君子不党，君子亦党乎？君取于吴，为同姓，谓之吴孟子。君而知礼，孰不知礼？"巫马期以告。子曰："丘也幸，苟有过，人必知之。"	《论语·述而》	

（续表）

类　别		言　　论	出　处	次数
礼	礼说	子曰："恭而无礼则劳，慎而无礼则葸，勇而无礼则乱，直而无礼则绞。君子笃于亲，则民兴于仁；故旧不遗，则民不偷。"	《论语·泰伯》	37
		子曰："兴于《诗》，立于礼，成于乐。"	《论语·泰伯》	
		子曰："麻冕，礼也；今也纯，俭，吾从众。拜下，礼也；今拜乎上，泰也。虽违众，吾从下。"	《论语·子罕》	
		颜渊喟然叹曰："仰之弥高，钻之弥坚。瞻之在前，忽焉在后。夫子循循然善诱人，博我以文，约我以礼，欲罢不能。既竭吾才，如有所立卓尔。虽欲从之，末由也已。"	《论语·子罕》	
		子曰："先进于礼乐，野人也；后进于礼乐，君子也。如用之，则吾从先进。"	《论语·先进》	
		三子者出，曾皙后。曾皙曰："夫三子者之言何如？"子曰："亦各言其志也已矣。"曰："夫子何哂由也？"曰："为国以礼，其言不让，是故哂之。""唯求则非邦也与？""安见方六七十如五六十而非邦也者？""唯赤则非邦也与？""宗庙会同，非诸侯而何？赤也为之小，孰能为之大？"	《论语·先进》	
		颜渊问仁。子曰："克己复礼为仁。一日克己复礼，天下归仁焉。为仁由己，而由人乎哉？"颜渊曰："请问其目。"子曰："非礼勿视，非礼勿听，非礼勿言，非礼勿动。"颜渊曰："回虽不敏，请事斯语矣。"	《论语·颜渊》	

（续表）

类　别		言　　论	出　处	次数
礼	礼说	司马牛忧曰:“人皆有兄弟，我独亡。”子夏曰:“商闻之矣：死生有命，富贵在天。君子敬而无失，与人恭而有礼。四海之内，皆兄弟也——君子何患乎无兄弟也?”	《论语·颜渊》	37
		齐景公问政于孔子。孔子对曰:“君君，臣臣，父父，子子。”公曰:“善哉！信如君不君，臣不臣，父不父，子不子，虽有粟，吾得而食诸?”	《论语·颜渊》	
		子曰:“博学于文，约之以礼，亦可以弗畔矣夫!”	《论语·颜渊》	
		子路曰:“卫君待子而为政，子将奚先?”子曰:“必也正名乎!”子路曰:“有是哉，子之迂也！奚其正?”子曰:“野哉，由也！君子于其所不知，盖阙如也。名不正，则言不顺；言不顺，则事不成；事不成，则礼乐不兴；礼乐不兴，则刑罚不中；刑罚不中，则民无所措手足。故君子名之必可言也，言之必可行也。君子于其言，无所苟而已矣。”	《论语·子路》	
		子路问成人。子曰:“若臧武仲之知，公绰之不欲，卞庄子之勇，冉求之艺，文之以礼乐，亦可以为成人矣。”曰:“今之成人者何必然?见利思义，见危授命，久要不忘平生之言，亦可以为成人矣。”	《论语·宪问》	
		子曰:“上好礼，则民易使也。”	《论语·宪问》	
		子曰:“知及之，仁不能守之；虽得之，必失之。知及之，仁能守之。不庄以莅之，则民不敬。知及之，仁能守之，庄以莅之，动之不以礼，未善也。”	《论语·卫灵公》	

（续表）

类别		言论	出处	次数
礼	礼说	孔子曰："天下有道，则礼乐征伐自天子出；天下无道，则礼乐征伐自诸侯出。自诸侯出，盖十世希不失矣；自大夫出，五世希不失矣；陪臣执国命，三世希不失矣。天下有道，则政不在大夫。天下有道，则庶人不议。"	《论语·季氏》	37
		孔子曰："益者三乐，损者三乐。乐节礼乐，乐道人之善，乐多贤友，益矣。乐骄乐，乐佚游，乐晏乐，损矣。"	《论语·季氏》	
		陈亢问于伯鱼曰："子亦有异闻乎？"对曰："未也。尝独立，鲤趋而过庭。曰：'学诗乎？'对曰：'未也。''不学诗，无以言。'鲤退而学诗。他日，又独立，鲤趋而过庭。曰：'学礼乎？'对曰：'未也。''不学礼，无以立。'鲤退而学礼。闻斯二者。"陈亢退而喜曰："问一得三，闻诗，闻礼，又闻君子之远其子也。"	《论语·季氏》	
		宰我问："三年之丧，期已久矣。君子三年不为礼，礼必坏；三年不为乐，乐必崩。旧谷既没，新谷既升，钻燧改火，期可已矣。"子曰："食夫稻，衣夫锦，于女安乎？"曰："安。""女安，则为之！夫君子之居丧，食旨不甘，闻乐不乐，居处不安，故不为也。今女安，则为之！"宰我出，子曰："予之不仁也！子生三年，然后免于父母之怀。夫三年之丧，天下之通丧也，予也有三年之爱于其父母乎！"	《论语·阳货》	

（续表）

类别		言论	出处	次数
礼	礼说	子贡曰："君子亦有恶乎？"子曰："有恶：恶称人之恶者，恶居下流流字衍文而讪上者，恶勇而无礼者，恶果敢而窒者。"曰："赐也亦有恶乎？""恶徼以为知者，恶不孙以为勇者，恶讦以为直者。"	《论语·阳货》	37
		孔子曰："不知命，无以为君子也；不知礼，无以立也；不知言，无以知人也。"	《论语·尧曰》	
乐	乐说	子曰："人而不仁，如礼何？人而不仁，如乐何？"	《论语·八佾》	21
		子语鲁大师乐，曰："乐其可知也：始作，翕如也；从之，纯如也，皦如也，绎如也，以成。"	《论语·八佾》	
		子与人歌而善，必使反之，而后和之。	《论语·述而》	
		子曰："兴于《诗》，立于礼，成于乐。"	《论语·泰伯》	
		子曰："先进于礼乐，野人也；后进于礼乐，君子也。如用之，则吾从先进。"	《论语·先进》	
		"求！尔何如？"对曰："方六七十，如五六十，求也为之，比及三年，可使足民。如其礼乐，以俟君子。""赤！尔何如？"对曰："非曰能之，愿学焉。宗庙之事，如会同，端章甫，愿为小相焉。""点！尔何如？"鼓瑟希，铿尔，舍瑟而作，对曰："异乎三子者之撰。"子曰："何伤乎？亦各言其志也。"曰："莫春者，春服既成，冠者五六人，童子六七人，	《论语·先进》	

（续表）

类别		言论	出处	次数
乐	乐说	浴乎沂，风乎舞雩，咏而归。”夫子喟然叹曰：“吾与点也！”三子者出，曾皙后。曾皙曰：“夫三子者之言何如？”子曰：“亦各言其志也已矣。”曰：“夫子何哂由也？”曰：“为国以礼，其言不让，是故哂之。”“唯求则非邦也与？”“安见方六七十如五六十而非邦也者？”“唯赤则非邦也与？”“宗庙会同，非诸侯而何？赤也为之小，孰能为之大？”	《论语·先进》	21
		子路曰：“卫君待子而为政，子将奚先？”子曰：“必也正名乎！”子路曰：“有是哉，子之迂也！奚其正？”子曰：“野哉，由也！君子于其所不知，盖阙如也。名不正，则言不顺；言不顺，则事不成；事不成，则礼乐不兴；礼乐不兴，则刑罚不中；刑罚不中，则民无所措手足。故君子名之必可言也，言之必可行也。君子于其言，无所苟而已矣。”	《论语·子路》	
		子路问成人。子曰：“若臧武仲之知，公绰之不欲，卞庄子之勇，冉求之艺，文之以礼乐，亦可以为成人矣。”曰：“今之成人者何必然？见利思义，见危授命，久要不忘平生之言，亦可以为成人矣。”	《论语·宪问》	
		子击磬于卫，有荷蒉而过孔氏之门者，曰：“有心哉，击磬乎！”既而曰：“鄙哉，硁硁乎！莫己知也，斯己而已矣。深则厉，浅则揭。”子曰：“果哉！末之难矣。”	《论语·宪问》	

（续表）

类　别		言　　论	出　处	次数
乐	乐说	师冕见，及阶，子曰："阶也。"及席，子曰："席也。"皆坐，子告之曰："某在斯，某在斯。"师冕出。子张问曰："与师言之道与？"子曰："然；固相师之道也。"	《论语·卫灵公》	21
		孔子曰："天下有道，则礼乐征伐自天子出；天下无道，则礼乐征伐自诸侯出。自诸侯出，盖十世希不失矣；自大夫出，五世希不失矣；陪臣执国命，三世希不失矣。天下有道，则政不在大夫。天下有道，则庶人不议。"	《论语·季氏》	
		孔子曰："益者三乐，损者三乐。乐节礼乐，乐道人之善，乐多贤友，益矣。乐骄乐，乐佚游，乐晏乐，损矣。"	《论语·季氏》	
		子之武城，闻弦歌之声。夫子莞尔而笑，曰："割鸡焉用牛刀？"子游对曰："昔者偃也闻诸夫子曰：'君子学道则爱人，小人学道则易使也。'"子曰："二三子！偃之言是也。前言戏之耳。"	《论语·阳货》	
		子曰："礼云礼云，玉帛云乎哉？乐云乐云，钟鼓云乎哉？"	《论语·阳货》	
		子曰："恶紫之夺朱也，恶郑声之乱雅乐也，恶利口之覆邦家者。"	《论语·阳货》	
		孺悲欲见孔子，孔子辞以疾。将命者出户，取瑟而歌，使之闻之。	《论语·阳货》	
		宰我问："三年之丧，期已久矣。君子三年不为礼，礼必坏；三年不为乐，乐必崩。旧谷既没，新谷既升，钻燧改火，期可已矣。"	《论语·阳货》	

（续表）

类别		言论	出处	次数
乐	乐说	子曰："食夫稻，衣夫锦，于女安乎？"曰："安。""女安，则为之！夫君子之居丧，食旨不甘，闻乐不乐，居处不安，故不为也。今女安，则为之！"宰我出，子曰："予之不仁也！子生三年，然后免于父母之怀。夫三年之丧，天下之通丧也，予也有三年之爱于其父母！"	《论语·阳货》	21
	乐章	子谓《韶》，"尽美矣，又尽善也。"谓《武》，"尽美矣，未尽善也。"	《论语·八佾》	
		子在齐闻《韶》，三月不知肉味，曰："不图为乐之至于斯也。"	《论语·述而》	
		子曰："师挚之始，《关雎》之乱，洋洋乎盈耳哉！"	《论语·泰伯》	
		颜渊问为邦。子曰："行夏之时，乘殷之辂，服周之冕，乐则《韶》《舞》。放郑声，远佞人。郑声淫，佞人殆。"	《论语·卫灵公》	
易	易说	子曰："加我数年，五十以学《易》，可以无大过矣。"	《论语·述而》	1
春秋		0		0

由此可见，单就"诗""书""礼""乐""易""春秋"而论，在孔子授业话语中，涉及最多的为"礼"，其次为"乐"，再次为"诗"。甚少谈到"书"，偶尔提到"易"，且又有自己学《易》的打算，未提及《春秋》。在总数80见中，礼、乐共58见，占总数的72.5%。

（一）诗之教

孔子授业中，是否包括诗教呢？这取决于对诗教如何解释。

当时所谓“诗”，凡是提到“诗三百篇”的诗，当指后来奉为经典的《诗》，即据说经孔子编纂而成。孔子自称：“吾自卫反鲁，然后乐正。《雅》《颂》各得其所。”（《论语·子罕》）孔子自卫返鲁，时值鲁哀公十一年（公元前484年，距孔子逝世的公元前479年，不到5年）。《史记》称“古者《诗》三千余篇，及至孔子去其重，取可施于礼义”（《史记·孔子世家》）。在此以前，人们或对未经孔子删节、编纂的《诗》存在不同看法。即使在成册以后，也不无看法。故孔子有必要对其弟子加以解释。

关于《诗》，《论语》中传递而又值得关注的信息如表3.2所示：

表3.2 《论语》中有关《诗》的言论

类别	言论	出处
对《诗》看法的澄清	师挚之始，《关雎》之乱，洋洋乎盈耳哉。	《论语·泰伯》
	《关雎》，乐而不淫，哀而不伤。	《论语·八佾》
	吾自卫反鲁，然后乐正。《雅》《颂》各得其所。	《论语·子罕》
	《诗》三百，一言以蔽之，曰：思无邪。	《论语·为政》
《诗》之用	兴于诗，立于礼，成于乐。	《论语·泰伯》
	不学诗，无以言。	《论语·季氏》

（续表）

类　　别	言　　　　论	出　　处
《诗》之用	女为《周南》《召南》矣乎？人而不为《周南》《召南》，其犹正墙面而立也与？	《论语·阳货》
	诗，可以兴，可以观，可以群，可以怨。迩之事父，远之事君，多识于鸟兽草木之名。	《论语·阳货》
学《诗》之法	南容三复白圭，孔子以其兄之子妻之。	《论语·先进》
	诵《诗》三百，授之以政，不达；使于四方，不能专对。虽多，亦奚以为。	《论语·子路》

由此看来，说孔子授业中包括诗教，未尝不可。尽管它属于礼乐之教的必要补充。

涉及诗教，有必要补充说明的是：

1. 鉴于自师挚起，《关雎》之乱，几乎达到洋洋乎盈耳的程度。人们对《诗》难免发生误解，孔子这才有必要加以澄清。至于他编纂《诗》，不仅使其弟子受益，而且由于他使“《雅》《颂》各得其所”，或可发生移风易俗的影响。

2. 关于士君子为什么要“兴于诗”，孔子未加申述。后汉包咸《论语章句》解为：“兴，起也。言修身当先学《诗》也。”那么修身为什么当先学《诗》呢？此解同未解并无多大区别。南朝梁代皇侃《论语义疏》，转引江照之见：“览古人之志，可起发其志也。”可备一说。

3. 关于“不学《诗》，无以言”，这不是说一般人不学《诗》

就不会说话，而是指士君子“言必称诗”，既表示言必有据，又表示很有教养。关于“言必称诗”，荀子援引孔子与子贡的一次对话，为典型一例：

子贡问于孔子曰：“赐倦于学矣，愿息事君？”

孔子曰：“《诗》云：‘温恭朝夕，执事有恪。’事君难，事君焉可息哉？”

“然则赐愿息事亲？”

孔子曰：“《诗》云：‘孝子不匮，永赐尔类。’事亲难，事亲焉可息哉！”

“然则愿息于妻子？”

孔子曰：“《诗》云：‘刑于寡妻，至于兄弟，以御于家。’妻子难，妻子焉可息哉！”

“然则赐愿息于朋友？”

孔子曰：“《诗》云：‘朋友攸摄，摄以威仪。’朋友难，朋友焉可息哉！”

“然则赐愿息耕？”

孔子曰：“《诗》云：‘昼尔于茅，宵尔索绹。亟其乘屋，其始播百谷。’耕难，耕焉可息哉！”

“然则赐无息者乎？”

孔子曰：“望期圹［坟］，皋［高］如也，嗔［巅］如也，鬲［类鼎］如也。此则知所息矣！”

子贡曰：“大哉！死乎！君子息焉，小人休焉！”

（《荀子·大略》）

这一记载，像是后人杜撰的寓言。喻义虽佳，不合情理。子贡如有此问，为什么问这问那，偏偏不问："然则赐愿息于货殖？"何况，"赐也达"，乃师意图早已表明，自信"闻一以知二"，何必唠唠叨叨问下去，自讨没趣？至于乃师，按照《论语》中表露的谈话风格，他早就会以"赐也，尔爱其息，吾爱其学"一语打发了之。说不定背后还会叽咕："赐也，小人哉！"

这个寓言虽不失为"不学《诗》，无以言"的范例，却不无把夫子脸谱化之嫌。因为孔子倡言"诗"，旨在陶冶情操，更在于一旦"授之以政"，或"使于四方"，在礼仪场合，从容以诗"专对"。怎会在同弟子谈话中唠唠叨叨地引证，以炫耀博学呢？

先秦之际，言必称诗，犹如近代欧洲绅士动辄"言必称希腊"，再夹几个拉丁文词汇，以显示其身份的高贵。就是如今不少喝过或并未喝过洋墨水的博士，也未免俗。开口说话不管有无必要，总免不了带上几个英文单词或略语，表示自己成了什么"精"。大概是"英之精"吧！算是"今之学者为人"（《论语·宪问》）的现代版。

（二）书之教

关于《书》，《论语》提到"子所雅言，《诗》《书》、执礼，皆雅言也"（《论语·述而》）。所谓"雅言"，前人有不同解说，大体上都认定"雅言"为有别于鲁地方言的周室西部的正音。可算是孔子读《书》的证言。只是没有证据说明鲁孔丘在何处向何人去学周室西部的正音。如无法证明，只得宁可相信他或用洙泗官话读《诗》《书》。至于师或弟子引证《书》中的言论，或对此言论不解，或作为立论的依据。在纸张与印刷术发明以前，《书》在授业中的运用，大致只能如此。唯弟子关注或引用《书》中的言论，如与乃师授业相关，便可视为书教。

关于在孔子授业中，为什么较多涉及“礼”“乐”与“诗”，用孔子的话说，便是“兴于诗，立于礼，成于乐”（《论语·泰伯》）。至于他作出如此判断的用意与缘由，便是有待继续讨论的问题。

（三）礼之教

何谓礼？在孔子授业中为什么如此重视礼之教呢？按照孔子对其子伯鱼的说法，“不学礼，无以立”（《论语·季氏》）。这就是说，礼为立身之本。那么不学礼为什么“无以立”呢？

礼，原是敬神的意思，引申为敬意。为表示敬意而举行的隆重的仪式，称为礼仪，进而成为贵族等级制的礼制。依儒家之见，相对于法制，实行礼制的政务，称为仁政。时至春秋末期，孔子有感于礼坏乐崩，遂以恢复西周礼制为职志。这便是“克己复礼为仁”（《论语·颜渊》）。

由于礼表示敬意，在礼制中也就包含人伦之礼。如君臣、父子、夫妇、兄弟、朋友之礼。诸如此类伦理，一旦成为习俗，便作为行为准则，成为道德规范。在孔子看来，即使是良好的行为，如恭敬、谨慎、勇敢、坦率，其对错仍得以礼衡量。这便是：“恭而无礼则劳，慎而无礼则葸，勇而无礼则乱，直而无礼则绞。”（《论语·泰伯》）所以，孔子要求弟子“非礼勿视，非礼勿听，非礼勿言，非礼勿动”（《论语·颜渊》）。由于恭敬、谨慎、勇敢、坦率本身也属于行为准则，可见，相对于这些较浅层次的行为准则，礼则是这些行为准则运用时的准则；然而由于合乎仁政的礼制有别于法制中的规范（法律规范），故礼的运用，又以和为贵。简单地说，便是在依礼行事时，以不伤和气为佳，也就是注重人际关系的协调、和谐，但是，毕竟以礼为前提，故“知和而和，不以礼节之，亦不可行也”（《论语·学而》）。所以，个人要成为士君子，也就不得不“立于礼”。

在这个意义上，人们便有理由把孔子授业归结为礼教。

（四）乐之教

在孔子授业中，为什么又如此重视乐呢？依他之见，士君子虽“立于礼”，但需“成于乐”。

乐，一般系指音乐（声乐、器乐），作为歌词的诗和伴舞。由于乐有民间流行音乐（如被视为“淫乐”的郑声）和宫廷及士君子的雅乐（如《韶》《武》）之别。故乐须受到礼的节制，依孔子之见，这便是“达于乐而不达于礼，谓之偏”；反之“达于礼而不达于乐，谓之素”（《礼记·仲尼燕居》）。唯其如此，孔子继承先辈传统，在授业中，常把礼乐并称。《论语》中并列使用“礼”“乐”的情况，罗列于下：

1. 人而不仁，如礼何？人而不仁，如乐何？

（《论语·八佾》）

2. 先进于礼乐，野人也；后进于礼乐，君子也。

（《论语·先进》）

3. 求也为之，比及三年，可使足民。如其礼乐，以俟君子。

（《论语·先进》）

4. 事不成，则礼乐不兴；礼乐不兴，则刑罚不中。

（《论语·子路》）

5. 若臧武仲之知，公绰之不欲，卞庄子之勇，冉求之艺，文之以礼乐，亦可以为成人矣。

（《论语·宪问》）

6. 天下有道，则礼乐征伐自天子出；无下无道，则礼乐征伐自诸侯出。

（《论语·季氏》）

7. 乐节礼乐，乐道人之善，乐多贤友，益矣！

（《论语·季氏》）

8. 礼云，礼云，玉帛云乎哉？乐云，乐云，钟鼓云乎哉？

（《论语·阳货》）

9. 君子三年不为礼，礼必坏；三年不为乐，乐必崩。

（《论语·阳货》）

在这个意义上，又可以把孔子授业归结为礼乐之教。

有必要补充说明的是，《论语》记载孔子关于乐、礼乐的言行虽然不在少数，而对于礼与乐的区别，礼、乐何以相辅相成，以及为什么断言士君子“成于乐”，都甚少论及。后来《礼记·乐记》才对诸如此类问题作了较为充分的说明。

孔子的伦理之教同一般伦理之教的区别在于：

1. 有这种或那种德性（道德品质）的人，即使是正当的行为，如孝、悌、忠、信，仍须受到礼乐调节。或者说，符合礼乐的行为，才算是正当的行为。

2. 所谓伦理之教因以修身为本，实际上是同伦理相关之学（学习之学）。

唯其如此，其中所使用的“孝”“悌”“忠”“信”“仁”“义”之类伦理概念，即使并未完全失效，但同反映平等的社会关系的类似概念，实不可同日而语。

三、传说中的孔门礼教数例

孔子死后，自春秋末期以至汉代，诸多学者杂说中，多有关于孔门师—弟子的传说。虽真伪莫辨，即使算是拿孔门师—弟子说事，所陈述的某些故事中，终究反映出当时学者意识中的孔子印象。

鉴于大致形成于同时代的《论语》中，多为“无头柄的说话”（陆九渊语），即语境不明，而在有些传说中，却有意或无意地揭示出“德”与“法”、“仁”与“礼”、此“礼”与彼“礼”之间在具体运用中的纠结，以及“孔子”某些“言”与“行”之间的扞格。虽难以尽信，而对《论语》中诸多儒学基本概念的理解与运用，却不无参考价值，故有辨析的必要。

（一）两礼纠结示例

按照古代丧礼，父母死后，其子有所谓“服练之期”。其中所谓“练”，是白而软布帛的称谓。服练之期为二十七个月（亦说十三个月）。在此期间，孝子只能身披白布，依座而睡。期满之后，才可上床就寝。在《荀子·子道》中，有一则传说。据称，鲁大夫在服练期间，却“练而床”，即违礼而上床睡大觉。子路见状，大为不解。便问乃师：“鲁大夫练而床，礼邪？”博学的孔子居然回答：“吾不知也！”

孔子的这一回答，居然使傻乎乎的子路觉得是一个“新发现”。他对子贡说：“我原先以为夫子无所不知，现在才知道，他也有所不知。”子贡回他：“你到底是怎样问的？”子路如实回答。乖觉的子贡觉察其中别有蹊跷，便说：“我代你再问问夫子吧！”

子贡回：“练而床，礼邪？”乃师毫不含糊地回答：“非礼也！”子贡忽有所悟。遂对子路说：“你说夫子有所不知，其实，他是无所不知的。他对你所提的问题，不是不知，那是由于你问得不对。”子路问的是“鲁大夫练而床”，子贡问的是“练而床”，其中的区别在于“礼，居是邑，不非其大夫”。所以子路犯忌。

不管这一传说中的情节是真是假，且不说这个故事涉及之“礼”与对当局之礼发生的纠结，即使到了后世，也是国人难以回避的世故。单就师—弟子问对来说，从中对夫子及其弟子的了解，亦有启发。

子路是成年人，如果不知“练而床”非礼，也就不致发生问题。他向乃师明知故问，不过是表示对鲁大夫非礼行为不满而已，难道他该对此无礼行为熟视无睹么？问题在于乃师的回答大大出乎他的意料。虽然发生夫子“有所不知”的误解，至少表明他对乃师并不轻信。

孔子对子路之问为什么佯称“不知”呢？因为子路之问对他来说，其实是一个两难问题。既不便说鲁大夫失礼，又说不出“练而床”合礼，只得以“不知”搪塞了事。足见平时三句不离礼的夫子，其“礼”云乎哉？

子贡之问与子路之问似大同小异，其实两者之间迥然有别：子路问的是鲁大夫的对错，故犯忌；子贡问的是“练而床”的是非，故无碍。子贡的聪明更在于懂得回避对当政大夫非礼的议论本身也是礼。因为为尊者讳也是宗族等级制度题中应有之义。由于礼是一个历史范畴，故在今人看来到底子路明礼还是子贡明礼便成为问题。

说句题外话，孔子对子路的回答，实际上忘记了他曾经对子路说过的话：“知之为知之，不知为不知，是知也。”（《论语·为政》）好在子路天真，不致反诘。其实，即使反诘，也难不倒老孔。他可能会说：“我还说过，‘不可与言而与之言，失言；可与言而不与之言，失人’（《论语·卫灵公》）。至于我为什么对子贡回答，对你不答，你自己去想想吧！”

所以从这个短短的故事中，反映出孔子既不失言，又不失人的智慧。

（二）德法纠结示例

一般说来，道德行为越高尚，越足以示范，其影响越大。然而，从《吕氏春秋》所载孔子对两弟子德行评价的传闻看来，其价值判断与此正好相反。如此价值判断，从道德评价角度看来，难以理解，问题在于其故安在？

据《吕氏春秋·先识览·察微》载，鲁国有一项法令规定，如有人把在别的诸侯国沦为男女奴仆的鲁国人赎回，其赎金可由国库偿付。子贡赎了鲁国人，却未按规定到国库领取自己支付的赎金。想不到孔子严肃地指出："赐（子贡）失之矣！"进而说明："自今以往，鲁人不赎人矣！""取其金，则无损于行；不取其金，则不复赎人矣！"子贡的行为后果似乎非常严重。

该书同篇接着提到另一个故事。据称：子路救了落水者，并接受那人以牛酬谢。按照常理，有德者行善，只是做了自己应该做的事情，不求回报。想不到子路收牛，却得到了乃师充分肯定。表示自今以往，"鲁人必拯溺矣"。

且不说这到底是孔子的评价，还是《察微篇》作者拿孔子说事，表达自己有关德行评价的见解，重要的是如此见解是否合理。

为了判断孔子对两弟子行为为何作出那样的评价，先得对其中所援引事例本身的性质和评价这种事件的视角加以分辨。

单就德行而言，按照常理，子贡的行为原本无可厚非。因为他做了好事，不但不图回报，甚至连合法应得的补偿也不在乎，显示其品格何等高尚。子路并非为了图报，才去救溺，事后收礼，虽不算失德，但就事论事，此举却谈不上品德完善。因此，乃师对他们如此褒贬，似乎颠倒了是非。

其实，在此案例中，孔子关注的，不是两弟子的道德修养与品格，而主要是他们在做了好事之后的不同表现可能发生的效应。也就是两人的表现在教化意义上的价值不同。

何谓教化？中国古代所谓“上所施下所效也”之教，非如现今所谓教育，而为教化之义。是以足以化民成俗之举为教。如果说道德评价的对象，是道德修养的程度与道德品格的差异，那么道德教化评价的对象，便是德行影响的范围与程度。即以某种德行到底可能发生多大影响，衡量其教化的价值。

在此案例中，尽管子贡和子路的德行都不无教化价值，但其价值不同。从教化角度看来，这两种行为的区别何在呢？

子贡的行为，涉及行政法令的实施。其表现超越了法令的规定，从而对道德价值追求不无示范作用；他虽未违规，却可能使得习惯于循规蹈矩的一般人，如依法取回补偿，便显得相形见绌，从而可能成为尔后赎人行为的思想障碍。

子路的行为发生在私人交往场合，他拯溺已经冒了很大风险，受礼为人之常情。故子路的德行要比子贡那种高尚的德行更易为普通人所接受。

由此可见，在此案例中，孔子那样的褒贬，从教化的角度看来，也就可以理解。

此案例的独到之处，在于它相对于通常的道德评价，突出德行在教化意义上的价值。因其事关道德学习、道德教育普及的可能性与有效性，也就成为任何时代都不可忽视的问题。

说到这里，不能不作必要的交代，此案例如属于“孔子研究”，那就少不得对其中涉及孔子及其弟子言行真实性的考证。而在本文中，只把此案例当作编就《吕氏春秋》那个时代的孔子传闻，所关注的是其中有关德行在教化意义上的价值问题。

（三）德礼纠结示例

在一般情况下，一个人的行为违规，将受到批评，可算是理所当然。如果一个人的善行受到批评，那就难以理喻了。据《韩非子》一书传闻，子路拿自己的禄米所得，为民众施粥，反而受到了孔子粗暴的干涉。这到底是怎么一回事？这一特例究竟说明什么问题？且从这一案例谈起。

据《韩非子·外储说右下》载，鲁国在季孙肥（季康子）辅政的时候，子路任郈令（郈，春秋鲁国叔孙氏邑名，在今山东东平东南。《韩非子》中所记传说，误为季孙氏邑。因系传说，姑且将错就错）。当时鲁国曾发动民众修长沟，子路用自己的禄米向修沟的民众施粥。不料孔子听到这个消息后，随即派子贡去把粥倒掉，甚至还把烧粥的器具一并毁掉。他说，这些民众本是鲁国君主治下的子民，你凭什么去给他们施粥？子路见状不禁勃然大怒，反问乃师："夫子岂不是恨我仲由实施仁义么？我从您那里学到的正是仁义啊！""仁义者，与天下共其所有而同其利者也，今以由之秩粟而餐民，不可，何也？"孔子对这个倔强的弟子说："由之野也！"你连应当明白的道理也不明白，才如此不明理法。你给民众施粥，虽然出于爱心，"夫礼，天子爱天下，诸侯爱境内，大夫爱官职，士爱其家。过其所爱曰侵。今鲁君有民而子擅爱之，是子侵也，不亦诬乎？"语音未了，季孙（应是叔孙）的使者已到。他代表季孙责备孔子要弟子施粥，岂不是同季孙争夺民众？孔子无奈只好乘车离开鲁国。[①]

---

① 刘向《说苑·臣术》所传故事与此大同小异，其中并无季孙借以指责孔子与其争夺民众之说。

不管此事的结局如何，问题在于难道子路果真“过其所爱”么？

这里无意讨论此故事中孔子所言所行的真实性如何，只把它当作《韩非子》一书作者，拿孔门师—弟子说事。权且就事论事，借此书中提供的这个故事，了解世事。

1. 这个故事表明，同一件有一定影响的事情，可能会有不同的性质与价值。以子路施粥为例，单从伦理角度来看，毫无疑问，算是仁义之举。如此善举，反而受到乃师指责，自然难以令人心服。问题在于当时鲁国政局情况特殊，季孙对孔子及其弟子早存戒心，政治敏锐的孔子为了避嫌，虽断然采取措施，为时已晚。只知仁义的子路不避嫌疑，这才授人以柄。

2. 子路难道果真擅爱侵权么？其实，即使按照“士爱其家”之说，子路施粥也谈不上侵权。因当时“士爱其家”之“家”，主要是指卿大夫家族与政权一体之“家”。子路也算是季孙的家臣。他给奉这个家族之命修长沟的民众施粥，实际上也算是为这个家族做了好事。

反之，“士爱其家”，如果只限于自己的数口之家，而不管世事，还堪称为士么？那样的士，在君子群中还混得下去么？率真的子路的问题在于政治嗅觉迟钝。他如果像聪明人那样，宣称“奉季孙之命施粥”，或“在季孙领导下施粥”，自然不致惹出麻烦。[①]不过，子路毕竟不是那样的角色。

3. 同样，孔子果真像此故事中描述的那样，粗暴地干涉弟子的仁义之举，那还算得上是孔子么？在韩非看来，“上古竞于

① 同一故事，《说苑·臣术》记为，子曰：“尔以民为饿，何不告于君，发仓廪以给食之？而以尔私馈之，是汝不明君之惠，见汝之德义也，速已则可矣？否则尔之受罪不久矣！”

道德，中世逐于智谋，当今争于力气”（《韩非子·五蠹》）。故当今“不务德而务法”（《韩非子·显学》）。所以，这个以孔门师—弟子为托“不务德而务法”的故事，出自法家中的传闻，也就不足为怪了。

不管这则故事中的孔子、子路是真是假，其中折射的却是两种价值观念真而又真的冲突。这便是所谓天下“共有”“同利”之仁与宗法等级制度之礼的冲突。

在这则故事中，如此冲突与其说体现在子路行为上，毋宁说体现在乃师的意识中。他既然不否认子路施粥“为爱之也”，原出于“仁者爱人”的本分，那么为什么又指其“女是之不知礼也”？按照他的逻辑，仁以礼为限度，即“克己复礼为仁”（《论语·颜渊》）；其“礼”，则是宗法等级制度及与其相应的礼节仪式、道德规范。子路虽“为爱之也”，因“过其所爱”，做了本不该由他去做的好事，便曰“侵”。不过，好事“都让当权者去做”，这种话说得出口，也不容易。

孔子的这番道理，虽然主要是说给君主、诸侯、卿大夫以及准大夫听的，企求他们“仁者爱人”，施行仁政；同时，少不得提醒二三子，好事要做，别“不知礼也”。可惜为此付出的代价，未免过于沉重。因为如此粗暴地干涉弟子的善行，受益贫民的境况和感想虽在所不计，只是“仁”心何在！“善”意何存！岂不是昭然若揭？好在故事终究是故事，孔子还是那个孔子，毕竟“仲尼不可毁也”（《论语·子张》）。

话虽如此，这则短短的故事中折射出仁与礼的冲突，儒家旨在化解此种冲突的逻辑，以及为此可能付出的代价，实非长长的《论语》中那些“无头柄的说话”（陆九渊语）可比。可惜尔后因“过其所爱”而付出比此更沉重代价的士子，仍代有人出。故宗法制度虽早已远去，“过其所爱”，仍不失为历史老人遗留的教训。呜呼！

第四章

学之价值判断

——学程型授业的立论依据

古代所谓“学”，含“效”之意：“学之为言效也。”（朱熹：《四书章句集注》）法先贤，法时贤，重自身修养，重要的是“学以致其道”。这便是学程型授业之说的依据。

一、学为修身之本

孔子倡导知、仁、勇，赞扬信、直、刚之类优良品质。不过在他看来，即使有如此优良的爱好，某种优良的人品，若不继续学习，也可能流于弊端。这便是所谓“六言六蔽”：

好仁不好学，其蔽也愚；好知不好学，其蔽也荡；好信不好学，其蔽也贼；好直不好学，共蔽也绞；好勇不好学，其蔽也乱；好刚不好学，其蔽也狂。

（《论语·阳货》）

表明好学为修身之本。那么怎样才能称得上好学呢？孔子及其弟子怎样看待“学”呢？具体如表4.1所示：

表4.1 孔子及其弟子对“学”的认识

“学”的观念	出处	要义
子曰：“君子食无求饱，居无求安，敏于事而慎于言，就有道而正焉，可谓‘好学’也已。”	《论语·学而》	不厌其学，做中学，向有德者学。
子夏曰：“贤贤易色，事父母能竭其力，事君能致其身，与朋友交言而有信，虽曰‘未学’，吾必谓之‘学’矣！”	《论语·学而》	以德行（敬、贤、孝、忠、信）衡量是否“学”到家。虽曰“未学”，表示另有流行的“学”的观念，这里可算是“学”的“规定性定义”。
哀公问：“弟子孰为好学？”孔子对曰：“有颜回者好学，不迁怒，不二过，不幸短命死也，今也则亡，未闻好学者也。”	《论语·雍也》	以品性衡量“学”。

如此好学精神说明什么问题？

（一）学而行之，行而学之

敏于事（行）而慎于言，效法有道者，并据以改进、改正自己的行为，并以“食无求饱，居无求安”的精神力求上进，才可称得上“好学”；如此“学而时习之”（《论语·学而》），形成孝、忠、信之类德行，达到“不迁怒，不二过”的程度，堪称仁者，才可反证“好学”。这种“学”，是一种道、德人格修养过程，而这种修养过程是在力行中实现的。是以“孝”（行）致“孝”（德），以“忠”致“忠”，以“信”致“信”，以“仁”致“仁”。一言以蔽之：“学以致其道。”（《论语·子张》）①

唯其如此，离开了学，即不法先贤，不法时贤，一切关于道与德之言，都可能流为一蔽。

（二）“学而不思则罔，思而不学则殆”

孔子有一句名言：“学而不思则罔，思而不学则殆。”（《论语·为政》）由于他并未正面解说学与思的关联，后人遂把他有关学与思的见解，概括为“学思结合”。问题在于学与思到底如何结合呢？如果解为既要学，又得思，那么学与思还是两码事，它们之间有什么内在联系呢？

其实，孔子虽然并未刻意谈论学与思的关联，而在他的观念中，这两者倒是有内在联系的。因为他所谓的学，有别于今人之学，他提到的“思”，更不完全同于今人所谓的“思”。所以要了解孔子授业，其中一个至关重要的课题，便是辨明他所谓学与思的原意。

---

① 在行中学，而行不必为学。含“效”之义的“行”，方得为“学”。行孝本身意味着法先贤、法时贤，行孝之道，“今之孝者，是谓能养，至于犬马，皆能有养，不敬何以别乎？”（《论语·为政》），以养代孝，其行非学。

孔子不尚空言，但有过“好思不好学”的教训：

吾尝终日不食，终夜不寝，以思，无益，不如学也。[①]

（《论语·卫灵公》）

要了解何以思之无益，还得明白孔子所谓“思”到底是怎么一回事。

孔子认为君子宜有“九思”，即：

视思明，听思聪，色思温，貌思恭，言思忠，事思敬，疑思问，忿思难，见得思义。

（《论语·季氏》）

可以说是无论在何时何地都要思。从内到外、从言到行、从疑到得都该思，重要的是明确思的方向。所谓“九思”正是九种思的方向。概言之，如《诗》之“思无邪”（《论语·为政》），如曾参所谓“思不出其位”（《论语·宪问》）。“九思”正是给思定位。

在行为中，“见贤思齐，见不贤而内自省”（《论语·里仁》）；“见利思义”（《论语·宪问》），已是修养之道，即学了；反之，思有“邪”，思出其位，不堪为“学”。

此外，《论语》中还载有“切问而近思”（《论语·子张》）、

① （汉）韩婴《韩诗外传·六》引孔子语：“不学而好思，虽知不广矣！学而慢其身，虽学不至尊矣。”亦资参证。

“再思”（即慎思）（《论语·公冶长》）、“反省”（《论语·学而》）、“内省”（《论语·颜渊》）之类修养方法。

可见，孔子所谓思，指的是在行中对行之思，是以对思定向、定位而导致行为改善之思。朱熹把“学而不思则罔，思而不学则殆”解为“不求诸心，故昏而无得；不习其事，故危而不安”（朱熹：《四书章句集注》），属于望文生义。

由于朱熹有关学与思的解释，依然失之空泛，也就未能说明孔子所谓学与思的内在联系。

孔子所谓思，有别于思维之思，而近于思想之想。如视想明，听想聪，见利想义，见贤想向他看齐。如此之“思”，其实是学了还要有进一步学的想法，即“学而不厌”。如果学而不思进一步学，那就半途而废，故“学而不思则罔”；反之，如果单有进一步求学的想法，哪怕是废寝忘食地考虑如何学得更好，而未见诸继续求学的行动，这就叫作“思而不学则殆”。所以，学而后思，为思学之思，思而后学，为因思学则力学。

澄清孔子所谓思的本义，不仅有助于理解孔子立足于学的授业的本色，还可从授业文化源头上增进对中西授业、古今授业之别的认识。

原来孔子所谓思，并非单纯求“真”的思维，而属重在求“善”的思想。他在逻辑思维方面并无值得注意的建树，也没有以此训练弟子。至于所谓“举一反三”，不过是类比联想，还算不上逻辑思维训练。求真之思并非孔子之长；孔子之长在于求善，且根据具体情况与特定对象作出指导性的判断。其授业之道也就比苏格拉底“产婆术”更近于教育的本义。苏格拉底旨在使谈话对象知善、知正义、知美……他的谈话或有助于逻辑思维训练，不足以使人的具体行为有所改善。他对谈话对象“个人”的善的观念，不感兴趣，更无意关注其具体行为取向，他只对抽象观念感兴趣；反之，孔子着重关注的，是弟子行为的改善，关注其行为中显示的价值倾向。

孔子倒也不是不懂得“好学近乎知”(《礼记·中庸》)，正由于如此，才以思辅学，但不属辅以“真”，而是辅以“善”的观念，同时，又不承认知即学。所谓“好知不好学，其蔽也荡”，就是“学”“知”区分的明证。为了使“学”不致流于“荡”，他给“好学”本身加以定位，也就是提出关于“学”的纲领性定义。虽然这样一来，不免使“学”“思”产生概念外延重叠之弊，但他不计较这些。给“思”与“学”都定位，不啻是双保险。

孔子也常论“知”，也可以说他刻意求“真知”：

知之为知之，不知为不知，是知也。

(《论语·为政》)

盖有不知而作之者，我无是也。

(《论语·述而》)

夫子毕竟是老实人，也就很谦虚：

我非生而知之者，好古，敏以求之者也。

(《论语·述而》)

吾有知乎哉？无知也。有鄙夫问于我，空空如也；我叩其两端而竭焉。

（《论语·子罕》）

唯孔子所求之“知”，重在“知人”（《论语·颜渊》），知人之善恶，知人事之去从，以及自知之明。知人，可识贤愚，见贤思齐，且不为佞者所欺，即所谓“知者不惑”（《论语·宪问》）。“始吾于人也，听其言而信其行；今吾于人也，听其言而观其行”（《论语·公冶长》），也算是得到了教训，才懂得知人的重要，“不患人之不己知，患不知人也”（《论语·学而》）；不仅“听其言而观其行”，而且“视其所以，观其所由，察其所安”（《论语·为政》）。丘也，“不惑”的智者了。

孔子所谓知，无论是知人（古人、时人）、知事（旧事、时事）、知时代，大都属同知的特定对象相关的知，属行动之知，实践智慧。这些都是苏格拉底不感兴趣的知，而为苏格拉底所津津乐道的一般观念、抽象概念，亦难以引起孔子兴趣。

智者乐水，仁者乐山；智者动，仁者静；智者乐，仁者寿。

（《论语·雍也》）

有人称：“仲尼亟称于水，曰：‘水哉！水哉！’”（《孟子·离娄章句下》）。不管孔子究竟乐水还是乐山，在他本人看来，知识应是流动的，不是一成不变的。一成不变的抽象知识对具体实践、对弟子行为的改善能有多大意义呢？他未必懂得抽象概念的深刻意义与深远影响。

依照孔子的设想，由于所学——所应学、所思——所应思，都同具体行为相关，可以认为它属于以行（应行）为中介的学思统一[①]；如今之学，早已属于以教为主的、集体施教情境中的学；今之所学，为以知为主要内容的学；今之所应知，事实上偏重于同具体行为脱节的一般的知（至少以此为主），今之行，属于以知为根据的行，即理性的、自律的德行。教育情境变了，以今度古，不仅把今人所思强加于我们的先人，亦无益于现今的实践。

以上有关“学”“思”与“知”之辨，从一个侧面反映了孔子教弟子学的情境，由于孔子并不关心抽象的一般的概念，其言论大都有针对性，其中近乎定义的言论（定义性陈述），若看作是定义，可以说，它们不仅是纲领性定义（好学、应然之思、应然之知的界定），而且是专对、专告性的定义。如把这种特殊的“定义”，当作关于“学”“思”“知”的一般定义，夫子若泉下有知，又该“恶紫之夺朱也”（《论语·阳货》）。

二、学无常师

《论语》中，有五章提到“师”。其中所谓师，依其语境有两种含义。一是作为动词，为效法之义，或师古，法先贤或法

① 或说孔子把学习过程分为学—思—行三阶段。如是，不仅同“行有余力，则以学文”（《论语·学而》）之说相忤，且难明屡次所提“好学”之义。

时贤。如“温故而知新，可以为师矣”(《论语·为政》)，“三人行，必有我师焉”(《论语·述而》)。一作为名词，不一定专指业师，也包括受其指导之人，或值得效法之人。如“夫子焉不学，而亦何常师之有?”(《论语·子张》)“当仁，不让于师。”(《论语·卫灵公》)

师作为职能活动由来已久。唯原先尚处在学无常师的时代，业师晚出。孔子作为众多弟子的业师，可算是学无常师的突破。此后，呈现学无常师与学有常师并存的局面，而在古代学无常师仍属普遍现象。

在学无常师时代，法先贤，法时贤，“见贤思齐”，都属为学之道。指导弟子法先贤，法时贤，明相师之道与当仁不让于师，则是学无常师背景下，常师的授业之道。

（一）法先贤

关于师古，即法先贤，孔子称:“温故而知新，可以为师矣。”(《论语·为政》)其中所谓“师”，朱熹解为“人师”。仿佛“温故而知新”，为人师要件。“师”，作为名词，虽可解为“人师”，而在学无常师的背景下，“师”又作为动词，为效法之义。它作为动词，表示温故而知新，才不失师古的本义。在这个意义上才可以说，温故而知新者，才堪为人师。

孔子说“温故而知新，可以为师矣”。须明了的是，“温故”之“故”何义？何谓“知新”？“温故”如何“知新”？

“故”有多种含义。在此语境中，同“新”对举，为“旧”的意思。朱熹据此解为重温旧事:“温，寻绎也。故者，旧所闻新者，今所得。言学能时习旧闻，而每有新得，则所学在我，而其应不穷，故可以为人师。若夫记问之学，则无得于心，而所知有限，故《学记》讥其‘不足以为人师’，正与此意互相发也。”（朱熹：《四书章句集注》）此说，属就事论事之解。

“故”又与“古”通。“故训”，犹古训，指先代留传的法则。《诗·大雅·蒸民》：“古训是式，威仪是力。”郑玄笺：“故训，先王之遗典也。”若把“温故而知新”之说放在孔子整个思想背景上考察，不能不认为，“温故”之“故”，实含“古训”之意。

关于如何“温故”，“温故”又如何“知新”，孔子有一系列独创见解。

1. 征故而温之

夏礼吾能言之，杞不足征也；殷礼吾能言之，宋不足征也。文献不足故也。足，则吾能征之矣。

（《论语·八佾》）

周监于二代，郁郁乎文哉！吾从周。[①]

（《论语·八佾》）

吾犹及史之阙文也。有马者，借人乘之，今亡已夫！

（《论语·卫灵公》）

说的是治史当以文献为据。

① 《礼记·中庸》：“吾说夏礼，杞不足征也；吾学殷礼，有宋存焉；吾学周礼，今用之，吾从周。”

2. 温故而非泥古

“唐棣之华，偏其反而！岂不尔思，室是远而！”（逸诗）原诗的意思是唐棣（郁李）花，翩然摆动，难道不令人思念么？可惜它离我们太远了。属思贤而感物起兴之作。孔子却以为：“未之思也，夫何远之有？”[①]（《论语·子罕》）可资参证。“麻冕，礼也，今也纯，俭，吾从众；拜下，礼也，今拜乎上，泰也。虽违众，吾从下。”（《论语·子罕》）

3. 解《诗》重在知“道”

《诗》云：“迨天之未阴雨，彻彼桑土，绸缪牖户。今此下民，或敢侮予。”孔子解为：“为此诗者，其知道乎？能治其国家，谁敢侮之？”（《孟子·公孙丑章句上》）《诗》云：“天生蒸民，有物有则，民之秉夷也，好是懿德。”孔子又称：“为此诗者，其知道乎？故有物必有则，民之秉夷也，故好是懿德。”（《孟子·告子章句上》）

依孔子之见，“《诗》三百，一言以蔽之，曰：思无邪”（《论语·八佾》），“《关雎》乐而不淫，哀而不伤”（《论语·八佾》）。《论语》所载“始可与言《诗》已矣”两教例，足证为《诗》重在知“道”（《论语·学而》《论语·八佾》）；“诵《诗》三百，授之以政，不达；使于四方，不能专对。虽多，亦奚以为？”（《论语·子路》）堪作反证。

4. 鉴古而知今

子张问：“十世可知也？”依孔子之见：“殷因于夏礼，所损

① 《中庸》援引孔子之说：“道不远人，人之为道而远人，不可以为道。《诗》云：‘伐柯伐柯，其则不远。’执柯以伐柯，睨而视之，犹以为远。故君子以人治人，改而止。”

益可知也，周因于殷礼，所损益可知也；其或继周者，虽百世可知也。”（《论语·为政》）看来，夫子倒是懂得礼是可变的，只是认为变中有常。因有其常，则“虽百世可知也”。这是描述性命题。他所作的规范性命题可就不同了：“齐一变，至于鲁；鲁一变，至于道。”（《论语·雍也》）齐鲁有太公、周公之余化。春秋之世，齐盛鲁衰，不探求齐何以称霸，王化犹存的鲁何以衰微，期待“齐一变，至于鲁”，岂非梦呓？

5. 温故以达政

有若称：“礼之用，和为贵。先王之道，斯为美，小大由之。有所不行，知和而和，不以礼节之，亦不可行也。”（《论语·学而》）属温故而非泥古又一例。前引《子路·诵〈诗〉三百章》，亦属于此例。

综上所述，“温故而知新”之“新”，实为“道”之用。温故之道，知今之用，今之从政之道。“征故”，旨在为今之道寻求立论依据。这也算是一种古为今用之道。

值得注意的是，古代信息工具不发达，信息主要靠口耳相传。正由于为数有限的典籍作为信息载体，异常金贵，而熟悉典籍的学者身份也随之提高。像“犹及史之阙文”的孔子，那就更为难得。如果说一般旧闻，随时可以向人请教而获悉，那么作为“先王之遗典”的“故训”，则非得向高人请教不可。不过，“温故而知新”说的是如何师古问题，故这个判断实属为学之道。

就孔子的整个思想背景而论，他自称“信而好古”（《论语·述而》），“我非生而知之者，好古，敏以求之者也”（《论语·述而》)。亦可见师古属其为学之道。

孔子有感于社会动乱，礼崩乐坏，传统道德沦丧，今不如昔："天下有道，则礼、乐、征伐自天子出；天下无道，则礼、乐、征伐自诸侯出。"(《论语·季氏》)"道之不行也，我知之矣！知者过之，愚者不及也；道之不明也，我知之矣！贤者过之，不肖者不及也。人莫不饮食也，鲜能知味矣。"(《礼记·中庸》)"生乎今之世，反古之道。如此者，灾及其自身者也。"(《礼记·中庸》)乍一听，"生乎今之世，反古之道"，理所当然。问题在于孔子所处之"今之世"，为"无道"之世。他老夫子理直气壮地颂古非今，依他看来，为颂"有道"之古，非"无道"之今，变"无道"为"有道"。至于其"道"如何，那是另外的问题。

（二）法时贤

正由于"温故"无非是求今之为政之道，而泥古不足以治世，故还须向时人，特别是时贤学习。"三人行，必有我师焉。择其善者而从之，其不善者而改之。"(《论语·述而》)便成为千古不易的至理名言。

前人关于"三人行，必有我师焉"这一命题，至少有以下几种解释：

解释1. 言我三人行，本无贤愚，择善从之，不善改之，故无常师。

（三国）何宴：《论语集解》

解释2. 三人行，其一我也。彼二人者，一善一恶，则我从其善而改其恶焉。是二人者，皆我师焉。

（宋）朱熹：《论语集注》

解释3. 善与不善，谓人以我为善不善也。我并彼为三人，若彼二人以我为善，我则从之；二人以我为不善，我则改之。是彼二人者，皆为我师。

（清）钱坫（字献子，乾隆时学者。

转引自：（清）刘宝楠《论语正义》）

解释4. 注［指何宴所注］似以“行”为言行之“行”。三人之行，本无贤愚，其有善与不善者，皆随事所见，择而从之改之，非谓一人善一人不善也。所从其善，即是我师。

（清）刘宝楠：《论语正义》

以上几种解释之间的分歧为：

（1）所谓“善”与“不善”，是“我”对同行者的判断（解释1、解释2、解释4），还是同行者对“我”的判断（解释3）？原文“择其善者”之“其”，暗示为“我”之抉择；只有把原文改为“择以我为善者而从之”，钱解才通。且“从”什么呢？照钱坫之见，当为“从人以为‘我’之善”，如此强解，把原本明明白白之见解得若明若暗；这且不论，要说自己“善”与“不善”，全凭别人判断，如此见解，孔老夫子能够接受么？

（2）所谓“善”与“不善”，指“从善之人”“不善之辈”（解释2），还是指“善行”与“不善之行”（解释1、解释4）？

“善者”，单从字面上解，可解为“善人”，解为“善行”亦未尝不可。问题在于语境。照语境，三人同行，其中之“我”，要在其余二人之间，作出寻求榜样（足资效法的榜样与可引以为戒的榜样）的抉择。照朱注，解为“善人”与“不善之人”可通。唯如此解释，仿佛老夫子也像稚儿那样开口闭口“好人、坏人”，未免浅化了夫子。

（3）三人行之“行”为行走之“行”，还是行为之“行”？朱熹没有觉得是个问题，委实是个不成问题的问题。这不过是孔子假设的作出判断的情境而已。何晏似乎预先防止可能出现的“好人、坏人”之说，故指明三人行“本无贤愚”，即其中不一定有堪称“贤者”“愚者”之人，也近常理。后来果有“好人、坏人”之见冒头，刘宝楠这才把“行”之含义看成问题。

关于“三人行，必有我师焉”的原意，以上几种不同的解释中，确有是非问题存在。唯朱熹、钱坫之类解释，或存“六经注我”之意。若换一种视角观照这些解释，它们作为不同的修身之道，各有一定的参考价值。

（1）人师之“师”，原是规范词，古人又把它作为中性的描述词使用，从而善者与不善者、善行与非善行，“皆我师焉”。犹如后来所谓“教员”与“反面教员”之说。这是以上诸解的共识。明代李贽给“三人行，必有我师焉”加批：“遍地先生。”两种“师”远比一种“师”为好！古人这种修身智慧，也成为他们有关吸取智慧的智慧。

（2）不管孔子原意如何，单就修身意义上择师（当指非正式之师）而论，善者与不善者、善行与不善之行，都该考虑。此外，择师，固然是自主行为，也不妨参照别人的判断决定去从。可见，以上诸说，作为修身之道，都不无道理。

“三人行，必有我师焉”，原是以通俗不过的语句表达浅显不过的道理，居然就此滋生那么多议论，其故安在？

像钱坫那样精于训诂的学者，难道真的不明孔子原意么？他居然对这么明白的句子，作那么晦涩的解释，无非是标新立异。说到底为“六经注我”而已。人道是“天下本无事，庸人自扰之”。其实，自扰者未必都是庸人。只是学者“扰”得像是学问，故不显得平庸。这不，借这个题目“扰”了一回。

（三）当仁不让于师

孔子授业为君子之教，以礼乐为核心价值观念的伦理之教，故重在求善。正像温故而知新才堪称效法先贤一样，以世人为师，也讲求“当仁不让于师”。

古希腊时代的西方社会，有道是“吾爱吾师，吾尤爱真理”，我们的孔夫子的意思，如加以引申，便是：吾爱吾师，吾尤爱道义。

第五章

师—弟子问对［上］

——孔门所授之业

关于孔子授业之“业”，或谓“诗书礼乐之教”，或称“子以四教：文、行、忠、信”，或指其“学而优则仕”，都不无依据。实际情况究竟如何，自然难以尽知。从《论语》传递的信息中，或许能略知一二。问题在于如何从中获取相关信息呢?

由于在纸张与印刷术发明以前，授业的基本方式通常是师—弟子之间的问答，口授为次。如果说他们“答什么”，是他们价值观念的反映，那么“问什么”便是同他们学与教相关的话题。他们关注的话题，也就成为打开孔子授业之门的一把钥匙。

一、弟子为求学而发问

孔门师—弟子之间问答，以弟子问为主。弟子所问，自然主要同他们“学业”相关。根据《论语》记载，众弟子所问，大致可分为九类（见表5.1）。

表5.1 《论语》中弟子所问分类

序号	类型		记　　载	出　　处	小计
1	身份	士	子张问："士何如斯可谓之达矣？"子曰："何哉，尔所谓达者？"子张对曰："在邦必闻，在家必闻。"子曰："是闻也，非达也。夫达也者，质直而好义，察言而观色，虑以下人。在邦必达，在家必达。夫闻也者，色取仁而行违，居之不疑。在邦必闻，在家必闻。"	《论语·颜渊》	7
			子贡问曰："何如斯可谓之士矣？"子曰："行己有耻，使于四方，不辱君命，可谓士矣。"曰："敢问其次。"曰："宗族称孝焉，乡党称弟焉。"曰："敢问其次。"曰："言必信，行必果，硁硁然小人哉！——抑亦可以为次矣。"曰："今之从政者何如？"子曰："噫！斗筲之人，何足算也？"	《论语·子路》	
		君子	子贡问君子。子曰："先行其言而后从之。"	《论语·为政》	
			司马牛问君子。子曰："君子不忧不惧。"曰："不忧不惧，斯谓之君子已乎？"子曰："内省不疚，夫何忧何惧？"	《论语·颜渊》	

（续表）

序号	类型		记载	出处	小计
1	身份	君子	子路问君子。子曰："修己以敬。"曰："如斯而已乎？"曰："修己以安人。"曰："如斯而已乎？"曰："修己以安百姓。修己以安百姓，尧舜其犹病诸？"	《论语·宪问》	7
			子贡曰："君子亦有恶乎？"子曰："有恶：恶称人之恶者，恶居下而讪上者，恶勇而无礼者，恶果敢而窒者。"曰："赐也亦有恶乎？""恶徼以为知者，恶不孙以为勇者，恶讦以为直者。"	《论语·阳货》	
		成人	子路问成人。子曰："若臧武仲之知，公绰之不欲，卞庄子之勇，冉求之艺，文之以礼乐，亦可以为成人矣。"曰："今之成人者何必然？见利思义，见危授命，久要不忘平生之言，亦可以为成人矣。"	《论语·宪问》	
2	道德品格	仁	樊迟……问仁。曰："仁者先难而后获，可谓仁矣。"	《论语·雍也》	17
			颜渊问仁。子曰："克己复礼为仁。一日克己复礼，天下归仁焉。为仁由己，而由人乎哉？"颜渊曰："请问其目。"子曰："非礼勿视，非礼勿听，非礼勿言，非礼勿动。"颜渊曰："回虽不敏，请事斯语矣。"	《论语·颜渊》	

（续表）

序号	类型		记载	出处	小计
2	道德品格	仁	仲弓问仁。子曰："出门如见大宾，使民如承大祭。己所不欲，勿施于人。在邦无怨，在家无怨。"仲弓曰："雍虽不敏，请事斯语矣。"	《论语·颜渊》	17
			司马牛问仁。子曰："仁者，其言也讱。"曰："其言也讱，斯谓之仁已乎？"子曰："为之难，言之得无讱乎？"	《论语·颜渊》	
			樊迟问仁。子曰："居处恭，执事敬，与人忠。虽之夷狄，不可弃也。"	《论语·子路》	
			子贡问为仁。子曰："工欲善其事，必先利其器。居是邦也，事其大夫之贤者，友其士之仁者。"	《论语·卫灵公》	
			子张问仁于孔子。孔子曰："能行五者于天下为仁矣。""请问之。"曰："恭，宽，信，敏，惠。恭则不侮，宽则得众，信则人任焉，敏则有功，惠则足以使人。"	《论语·阳货》	
		知、明	樊迟问知。子曰："务民之义，敬鬼神而远之，可谓知矣。"	《论语·雍也》	
			子张问明。子曰："浸润之谮，肤受之诉，不行焉，可谓明也已矣。浸润之谮，肤受之诉，不行焉，可谓远也已矣。"	《论语·颜渊》	

（续表）

序号	类　型		记　　载	出　　处	小计
2	道德品格	勇	子路曰:“君子尚勇乎?”子曰:“君子义以为上，君子有勇而无义为乱，小人有勇而无义为盗。”	《论语·阳货》	17
		孝	樊迟御，子告之曰:“孟孙问孝于我，我对曰，无违。”樊迟曰:“何谓也?”子曰:“生，事之以礼；死，葬之以礼，祭之以礼。”	《论语·为政》	
			子游问孝。子曰:“今之孝者，是谓能养。至于犬马，皆能有养；不敬，何以别乎?”	《论语·为政》	
			子夏问孝。子曰:“色难。有事，弟子服其劳；有酒食，先生馔，曾是以为孝乎?”	《论语·为政》	
		友	子贡问友。子曰:“忠告而善道之，不可则止，毋自辱焉。”	《论语·颜渊》	
		善	子张问善人之道。子曰:“不践迹，亦不入于室。”	《论语·先进》	
		行	子张问行。子曰:“言忠信，行笃敬，虽蛮貊之邦，行矣。言不忠信，行不笃敬，虽州里，行乎哉?立则见其参于前也，在舆则见其倚于衡也，夫然后行。”子张书诸绅。	《论语·卫灵公》	

（续表）

序号	类　型		记　　载	出　　处	小计
2	道德品格	耻	宪问耻。子曰："邦有道，谷；邦无道，谷，耻也。""克、伐、怨、欲不行焉，可以为仁矣？"子曰："可以为难矣，仁则吾不知也。"	《论语·宪问》	17
3	道德判断、行为抉择		子贡曰："贫而无谄，富而无骄，何如？"子曰："可也；未若贫而乐，富而好礼者也。"子贡曰："《诗》云：'如切如磋，如琢如磨。'其斯之谓与？"子曰："赐也，始可与言诗已矣，告诸往而知来者。"	《论语·学而》	10
			宰我问曰："仁者，虽告之曰，'井有仁焉'。其从之也？"子曰："何为其然也？君子可逝也，不可陷也；可欺也，不可罔也。"	《论语·雍也》	
			子谓颜渊曰："用之则行，舍之则藏，惟我与尔有是夫！"子路曰："子行三军，则谁与？"子曰："暴虎冯河，死而无悔者，吾不与也。必也临事而惧，好谋而成者也。"	《论语·述而》	
			子贡曰："有美玉于斯，韫椟而藏诸？求善贾而沽诸？"子曰："沽之哉！沽之哉！我待贾者也。"	《论语·子罕》	

（续表）

序号	类　型	记　　载	出　　处	小计
3	道德判断、行为抉择	鲁人为长府。闵子骞曰："仍旧贯，如之何？何必改作？"子曰："夫人不言，言必有中。"	《论语·先进》	10
		子张问崇德辨惑。子曰："主忠信，徙义，崇德也。爱之欲其生，恶之欲其死。既欲其生，又欲其死，是惑也。'诚不以富，亦只以异。'"	《论语·颜渊》	
		樊迟从游于舞雩之下，曰："敢问崇德，修慝，辨惑。"子曰："善哉问！先事后得，非崇德与？攻其恶，无攻人之恶，非修慝与？一朝之忿，忘其身，以及其亲，非惑与？"	《论语·颜渊》	
		子贡问曰："乡人皆好之，何如？"子曰："未可也。""乡人皆恶之，何如？"子曰："未可也；不如乡人之善者好之，其不善者恶之。"	《论语·子路》	
		子贡问曰："有一言而可以终身行之者乎？"子曰："其恕乎！己所不欲，勿施于人。"	《论语·卫灵公》	
		子路问："闻斯行诸？"子曰："有父兄在，如之何其闻斯行之？"	《论语·先进》	

（续表）

序号	类　型		记　　载	出　　处	小计
3	道德判断、行为抉择		冉有问："闻斯行诸？"子曰："闻斯行之。"公西华曰："由也问闻斯行诸，子曰，'有父兄在'，求也问闻斯行诸，子曰，'闻斯行之'。赤也惑，敢问。"子曰："求也退，故进之；由也兼人，故退之。"	《论语·先进》	10
4	历史		子张问："十世可知也？"子曰："殷因于夏礼，所损益，可知也；周因于殷礼，所损益，可知也。其或继周者，虽百世，可知也。"	《论语·为政》	1
5	经典	《诗》	子夏问曰："'巧笑倩兮，美目盼兮，素以为绚兮。'何谓也？"子曰："绘事后素。"曰："礼后乎？"子曰："起予者商也！始可与言诗已矣。"	《论语·八佾》	3
		《诗》	子贡曰："贫而无谄，富而无骄，何如？"子曰："可也；未若贫而乐，富而好礼者也。"子贡曰："《诗》云：'如切如磋，如琢如磨。'其斯之谓与？"子曰："赐也，始可与言诗已矣，告诸往而知来者。"	《论语·学而》	
		《书》	子张曰："《书》云：'高宗谅阴，三年不言。'何谓也？"子曰："何必高宗，古之人皆然。君薨，百官总己以听于冢宰三年。"	《论语·宪问》	

（续表）

序号	类　型		记　　载	出　　处	小计
5	经典	《礼》			3
		《乐》			
		《易》			
6	先贤		子贡问曰："孔文子何以谓之'文'也？"子曰："敏而好学，不耻下问，是以谓之'文'也。"	《论语·公冶长》	5
			南宫适问于孔子曰："羿善射，奡荡舟，俱不得其死然。禹稷躬稼而有天下。"夫子不答。南宫适出，子曰："君子哉若人！尚德哉若人！"	《论语·宪问》	
			子路曰："桓公杀公子纠，召忽死之，管仲不死。"曰："未仁乎？"子曰："桓公九合诸侯，不以兵车，管仲之力也。如其仁，如其仁。"	《论语·宪问》	
			子贡曰："管仲非仁者与？桓公杀公子纠，不能死，又相之。"子曰："管仲相桓公，霸诸侯，一匡天下，民到于今受其赐。微管仲，吾其被发左衽矣。岂若匹夫匹妇之为谅也，自经于沟渎而莫之知也？"	《论语·宪问》	
			冉有曰："夫子为卫君乎？"子贡曰："诺；吾将问之。"入，曰："伯夷、叔齐何人也？"曰："古之贤人也。"曰："怨乎？"曰："求仁而得仁，又何怨？"出，曰："夫子不为也。"	《论语·述而》	

（续表）

序号	类型	记载	出处	小计
7	政事	子张学干禄。子曰:“多闻阙疑，慎言其余，则寡尤；多见阙殆，慎行其余，则寡悔。言寡尤，行寡悔，禄在其中矣。”	《论语·为政》	16
		子贡曰:“如有博施于民而能济众，何如？可谓仁乎？”子曰:“何事于仁！必也圣乎！尧舜其犹病诸！夫仁者，己欲立而立人，己欲达而达人。能近取譬，可谓仁之方也已。”	《论语·雍也》	
		子贡问政。子曰:“足食，足兵，民信之矣。”子贡曰:“必不得已而去，于斯三者何先？”曰:“去兵。”子贡曰:“必不得已而去，于斯二者何先？”曰:“去食。自古皆有死，民无信不立。”	《论语·颜渊》	
		子张问政。子曰:“居之无倦，行之以忠。”	《论语·颜渊》	
		子路问政。子曰:“先之劳之。”请益。曰:“无倦。”	《论语·子路》	
		仲弓为季氏宰，问政。子曰:“先有司，赦小过，举贤才。”曰:“焉知贤才而举之？”子曰:“举尔所知；尔所不知，人其舍诸？”	《论语·子路》	

（续表）

序号	类　型	记　　载	出　　处	小计
7	政事	子路曰："卫君待子而为政，子将奚先？"子曰："必也正名乎！"子路曰："有是哉，子之迂也！奚其正？"子曰："野哉，由也！君子于其所不知，盖阙如也。名不正，则言不顺；言不顺，则事不成；事不成，则礼乐不兴；礼乐不兴，则刑罚不中；刑罚不中，则民无所措手足。故君子名之必可言也，言之必可行也。君子于其言，无所苟而已矣。"	《论语·子路》	16
		子适卫，冉有仆。子曰："庶矣哉！"冉有曰："既庶矣，又何加焉？"曰："富之。"曰："既富矣，又何加焉？"曰："教之。"	《论语·子路》	
		子夏为莒父宰，问政。子曰："无欲速，无见小利。欲速，则不达；见小利，则大事不成。"	《论语·子路》	
		子贡问曰："何如斯可谓之士矣？"子曰："行己有耻，使于四方，不辱君命，可谓士矣。"曰："敢问其次。"曰："宗族称孝焉，乡党称弟焉。"曰："敢问其次。"曰："言必信，行必果，硁硁然小人哉！——抑亦可以为次矣。"曰："今之从政者何如？"子曰："噫！斗筲之人，何足算也？"	《论语·子路》	

（续表）

序号	类　型	记　　载	出　　处	小计
7	政事	子路问事君。子曰："勿欺也，而犯之。"	《论语·宪问》	16
		颜渊问为邦。子曰："行夏之时，乘殷之辂，服周之冕，乐则《韶》《舞》。放郑声，远佞人。郑声淫，佞人殆。"	《论语·卫灵公》	
		季氏将伐颛臾。冉有、季路见于孔子曰："季氏将有事于颛臾。"孔子曰："求！无乃尔是过与？夫颛臾，昔者先王以为东蒙主，且在邦域之中矣，是社稷之臣也。何以伐为？"冉有曰："夫子欲之，吾二臣者皆不欲也。"孔子曰："求！周任有言曰：'陈力就列，不能者止。'危而不持，颠而不扶，则将焉用彼相矣？且尔言过矣，虎兕出于柙，龟玉毁于椟中，是谁之过与？"冉有曰："今夫颛臾，固而近于费。今不取，后世必为子孙忧。"孔子曰："求！君子疾夫舍曰欲之而必为之辞。丘也闻有国有家者，不患贫而患不均，不患寡而患不安。盖均无贫，和无寡，安无倾。夫如是，故远人不服，则修文德以来之。既来之，则安之。今由与求也，相夫子，远人不服，而不能来也；邦分崩离析，而不能守也；而谋动干戈于邦内。吾恐季孙之忧，不在颛臾，而在萧墙之内也。"	《论语·季氏》	
		季氏将伐颛臾。冉有、季路见于孔子曰："季氏将有事于颛臾。"	《论语·季氏》	

（续表）

序号	类　型		记　　载	出　　处	小计
7	政事		公山弗扰以费畔，召，子欲往。子路不说，曰："末之也，已，何必公山氏之之也？"子曰："夫召我者，而岂徒哉？如有用我者，吾其为东周乎？"	《论语·阳货》	16
			子张问于孔子曰："何如斯可以从政矣？"子曰："尊五美，屏四恶，斯可以从政矣。"子张曰："何谓五美？"子曰："君子惠而不费，劳而不怨，欲而不贪，泰而不骄，威而不猛。"子张曰："何谓惠而不费？"子曰："因民之所利而利之，斯不亦惠而不费乎？择可劳而劳之，又谁怨？欲仁而得仁，又焉贪？君子无众寡，无小大，无敢慢，斯不亦泰而不骄乎？君子正其衣冠，尊其瞻视，俨然人望而畏之，斯不亦威而不猛乎？"子张曰："何谓四恶？"子曰："不教而杀谓之虐；不戒视成谓之暴；慢令致期谓之贼；犹之与人也，出纳之吝谓之有司。"	《论语·尧曰》	
8	对同学及自己的评价	对同学的评价	子贡问："师与商也孰贤？"子曰："师也过，商也不及。"曰："然则师愈与？"子曰："过犹不及。"	《论语·先进》	3

（续表）

序号	类　型		记　　载	出　　处	小计
8	对同学及自己的评价	对同学的评价	曾皙曰："夫三子者之言何如？"子曰："亦各言其志也已矣。"曰："夫子何哂由也？"曰："为国以礼，其言不让，是故哂之。""唯求则非邦也与？""安见方六七十如五六十而非邦也者？""唯赤则非邦也与？""宗庙会同，非诸侯而何？赤也为之小，孰能为之大？"	《论语·先进》	3
			子贡问曰："赐也何如？"子曰："女，器也。"曰："何器也？"曰："瑚琏也。"	《论语·公冶长》	
9	乃师行迹、去从（含弟子互问）		子禽问于子贡曰："夫子至于是邦也，必闻其政，求之与？抑与之与？"子贡曰："夫子温、良、恭、俭、让以得之。夫子之求之也，其诸异乎人之求之与？"	《论语·学而》	7
			冉有曰："夫子为卫君乎？"子贡曰："诺；吾将问之。"入，曰："伯夷、叔齐何人也？"曰："古之贤人也。"曰："怨乎？"曰："求仁而得仁，又何怨？"出，曰："夫子不为也。"	《论语·述而》	
			子贡曰："有美玉于斯，韫椟而藏诸？求善贾而沽诸？"子曰："沽之哉！沽之哉！我待贾者也。"	《论语·子罕》	

（续表）

序号	类　型	记　　载	出　　处	小计
9	乃师行迹、去从（含弟子互问）	子路曰："卫君待子而为政，子将奚先？"子曰："必也正名乎！"子路曰："有是哉，子之迂也！奚其正？"子曰："野哉，由也！君子于其所不知，盖阙如也。名不正，则言不顺；言不顺，则事不成；事不成，则礼乐不兴；礼乐不兴，则刑罚不中；刑罚不中，则民无所措手足。故君子名之必可言也，言之必可行也。君子于其言，无所苟而已矣。"	《论语·子路》	7
		陈亢问于伯鱼曰："子亦有异闻乎？"对曰："未也。尝独立，鲤趋而过庭。曰：'学诗乎？'对曰：'未也。''不学诗，无以言。'鲤退而学诗。他日，又独立，鲤趋而过庭。曰：'学礼乎？'对曰：'未也。''不学礼，无以立。'鲤退而学礼。闻斯二者。"陈亢退而喜曰："问一得三，闻诗，闻礼，又闻君子之远其子也。"	《论语·季氏》	
		公山弗扰以费畔，召，子欲往。子路不说，曰："末之也，已，何必公山氏之之也？"子曰："夫召我者，而岂徒哉？如有用我者，吾其为东周乎？"	《论语·阳货》	

（续表）

序号	类　型	记　　载	出　　处	小计
9	乃师行迹、去从（含弟子互问）	佛肸召，子欲往。子路曰："昔者由也闻诸夫子曰：'亲于其身为不善者，君子不入也。'佛肸以中牟畔，子之往也，如之何？"子曰："然，有是言也。不曰坚乎，磨而不磷；不曰白乎，涅而不缁。吾岂匏瓜也哉？焉能系而不食？"	《论语·阳货》	7

由此可见：

1. 孔门弟子之学，重在伦理道德，讲求德行。他们求学中关注的，除作为士、君子的道德品格以外，还关注同德行相关的道德判断、行为抉择、先贤典范。

2. 孔子弟子中，子路、冉有、子贡以及子张，似更加关注政事。主要是从政之道。由于以仁政为参政价值取向，成为士君子可算是平民参政资格的起码条件。不过，尔后实际参政时，实难单以个人的意志为转移。为此，子路、冉有都曾受到乃师严厉的批评。

3. 在弟子向乃师求教中，只是间或提到《诗》《书》。在纸张和印刷术发明以前，如说"以《诗》《书》《礼》《乐》教"，就得考虑在当时那种状态下，对于经典在授业中的运用，到底如何理解。

此外，孔子弟子对乃师行迹、去从的关注，也在情理之中。

二、夫子施教中提问

在《论语》的记载中，孔子向其弟子发问的情况，所见不多。于此可窥孔门授业全貌中的一斑。

孔子所问，同授业相关的，有如下数端（见表5.2）。

表5.2 《论语》中孔子向其弟子发问的情况

类别		问题	出处	小计
弟子情况	志向	颜渊季路侍。子曰："盍各言尔志？"子路曰："愿车马，衣轻裘，与朋友共敝之而无憾。"颜渊曰："愿无伐善，无施劳。"子路曰："愿闻子之志。"子曰："老者安之，朋友信之，少者怀之。"	《论语·公冶长》	6
		子曰："以吾一日长乎尔，毋吾以也。居则曰：'不吾知也！'如或知尔，则何以哉？"	《论语·先进》	
	是非观念	子曰："由！诲女知之乎！知之为知之，不知为不知，是知也。"	《论语·为政》	
		子曰："片言可以折狱者，其由也与？"子路无宿诺。	《论语·颜渊》	
	自我评价	子贡曰："君子亦有恶乎？"子曰："有恶：恶称人之恶者，恶居下流而讪上者，恶勇而无礼者，恶果敢而窒者。"曰："赐也亦有恶乎？""恶徼以为知者，恶不孙以为勇者，恶讦以为直者。"	《论语·阳货》	

（续表）

类别		问题	出处	小计
弟子情况	对同学看法	子谓子贡曰："女与回也孰愈？"对曰："赐也何敢望回？回也闻一以知十，赐也闻一以知二。"子曰："弗如也；吾与女弗如也。"	《论语·公冶长》	6
弟子从政言的情况		季氏旅于泰山。子谓冉有曰："女弗能救与？"对曰："不能。"子曰："呜呼！曾谓泰山不如林放乎？"	《论语·八佾》	4
		子游为武城宰。子曰："女得人焉耳乎？"曰："有澹台灭明者，行不由径，非公事，未尝至于偃之室也。"	《论语·雍也》	
		冉子退朝。子曰："何晏也？"对曰："有政。"子曰："其事也。如有政，虽不吾以，吾其与闻之。"	《论语·子路》	
		哀公问社于宰我。宰我对曰："夏后氏以松，殷人以柏，周人以栗，曰，使民战栗。"子闻之，曰："成事不说，遂事不谏，既往不咎。"	《论语·八佾》	
夫子自道、自我表白		子曰："道不行，乘桴浮于海。从我者，其由与？"子路闻之喜。子曰："由也好勇过我，无所取材。"	《论语·公冶长》	2
		子曰："二三子以我为隐乎？吾无隐乎尔。吾无行而不与二三子者，是丘也。"	《论语·述而》	

由此可见：

1. 孔子所问，主要是弟子情况、志向、自我认识。

2. 未向弟子问《诗》《书》《礼》《乐》，以及所谓"六艺"，耐人寻味。

3. 关心弟子从政后情况与从政行为。

此外，了解弟子对自己（作为师）的看法，亦较为难得。

凡此种种，正是作为师者该向弟子了解的问题。至于弟子修业中的情况与问题，采取待问的态度，也相当明智。因为修业是弟子自己的事情。

三、学程型授业的本色

以上只从弟子所问与乃师所问角度，窥测孔门所授之业。从中可见，孔子授业属伦理性质的君子之教。唯单从问的角度，还不足以确定孔子授业的全貌。从孔子所“答”与“告”中，才可见证孔子授业有别于一般的君子之教，而属于以礼乐为核心价值观念的“君子儒”之教。

从发问主体的比较中，还可看出，在孔门授业中，以弟子发问为主，乃师经常处于待问的地位，因问而答。乃师所问，属为教而问。同样显示出因学而教的学程型授业本色。

第六章

师—弟子问对［下］

——学程型授业对话过程先例

古代通行个别施教，同后来集体授课的情境迥然有别：它重在自学，因学而教，教弟子学；古代受书写工具限制，典籍金贵，口头传授成为弟子知识的重要来源。“从师曰执经问难”，“学”与“问”，几乎难以严格区分，故曰“学问”。“好问则裕，自用则小”（《尚书·仲虺之诰》），“不能则学，疑则问”（《曾子·制言》），“学以聚之，问以辩之”（《易经·乾传》），成为至理名言。反之，解惑在施教中的地位，与后来的集体授课中的解惑，实不可同日而语。在《学记》中早就有“善问”与“不善问”、“善答问”与“不善答问”的分辨，意味相当讲究问对艺术。①

孔子授业以师—弟子问对为主要形式。从《论语》所载师—

① 孔子弟子大抵养成好问的习惯，不仅向师长求教，也向各种人求教：“以能问于不能，以多问于寡，有若无，实若虚，犯而不校。昔者吾友，尝从事于斯矣！”（《论语·泰伯》）

弟子问对中，[①]或多或少显示出其师—弟子间，问与答问、对与无对、解或不解，颇有讲究。弟子采用的各种提问方式，弟子对解惑的种种不同反映，孔子对弟子的引导，堪称师—弟子问对艺术。

一、发问主体

《论语》所载问对情境甚多。其中可断为师—弟子间对话情境之处，摘其要者统计如表6.1所示：

表6.1 《论语》中师—弟子对话情境统计

<table>
<tr><th colspan="3">师—弟子问对</th><th colspan="4">计　数</th></tr>
<tr><td rowspan="3">弟子问</td><td rowspan="2">师对</td><td>弟子反映</td><td>30</td><td rowspan="2">64</td><td rowspan="3">65</td><td rowspan="6">86</td></tr>
<tr><td>弟子无反映（或漏记）</td><td>34</td></tr>
<tr><td colspan="2">师无对</td><td colspan="2">1</td></tr>
<tr><td rowspan="3">师问（告）</td><td rowspan="2">弟子对</td><td>师反映</td><td>4</td><td rowspan="2">17</td><td rowspan="3">21</td></tr>
<tr><td>师无反映（或漏记）</td><td>13</td></tr>
<tr><td colspan="2">弟子无对</td><td colspan="2">4</td></tr>
</table>

上述统计表明，在86次师—弟子问对情境中，弟子发问为65次，占总数75.6%；师问（告）为21次，只占24.4%。师所问又不一定同授业直接相关。上载这两种情况下，还存在弟子反问、追问，表明这种问对以弟子主动发问为主，而弟子主动

① 《论语》一书，其书名若按“论难曰论”（《毛诗传》）、“答述曰语”（《周礼》郑玄注）解，或为论难答述之意，但不尽如此。

发问更堪作孔子授业艺术的表征。

二、孔子审题、辨惑与专对

孔子解惑，大致有三个特点。

（一）审题

孔子鼓励弟子多问、多闻、多见、多识。自称“学而不厌，诲人不倦”（《论语·述而》），并非有问必答。

孔子解惑，首先审察弟子提出的问题是否值得回答，是否非回答不可，从而决定是否回答。大致有三不答。

1. 无意义的问题不答

樊迟问“崇德、修慝、辨惑”。这个问题有价值。孔子赞其“善哉问”，并予以回答（《论语·颜渊》）。当樊迟“请学稼”“请学为圃”时，老先生没好气地连称“吾不如老农”，“吾不如老圃”，就把他打发走了。意思说你去问“老农”“老圃”吧！这样的问题何必问我？背后骂他“小人哉”（《论语·子路》）。

2. 不成问题的问题不答

南宫适问：“羿善射，奡荡舟，俱不得其死然。禹稷躬稼而有天下。”“夫子不答”。背地里赞不绝口：“君子哉若人！尚德哉若人！”（《论语·宪问》）明代学者李贽于此加评：“夫子不答，非有所忌讳也，契之深也。‘君子哉若人！尚德哉若人！’赞不容口也，已从不答处酿之矣！”（李贽：《四书评》）

南宫适的答案已经存在于他的问题之中。孔子了解他的为人。他在这个问题上，并不存在疑难，故而“夫子不答”。

3. 模糊的问题不答

不知哪位弟子问他什么事情“如之何”，孔子说：“不曰‘如之何，如之何’者，吾未‘如之何’也矣！”（《论语·卫灵公》）即你不说出自己的疑难何在，怎能回答你提出的问题呢？

“解惑”，不仅解思想之惑，而且同行为之惑（迷误）相关。也许有一位行为不检点的弟子，问他“如之何”？孔子反问：“法语之言，能无从乎？改之为贵；巽与之言，能无说乎？绎之为贵。说而不绎，从而不改，吾未‘如之何’也已矣！”（《论语·子罕》）对这种情况，说是不回答，其实已经作了回答。说他回答，又没有明说。

更有甚者，孺悲欲见孔子，孔子“辞以疾”，称病不见，而又“取瑟而歌”。让他知道自己并未生病，是有意请他吃闭门羹。李贽借此调侃：“这叫做圣人不会作病，孺悲回去，定要真病。”（李贽：《四书评》）关于孺悲是否属孔门弟子，史家说法不一。不管孔子对孺悲的看法如何，作为教例，类似于后来的参禅，无言而教。孟子谓“予不屑之教诲也者，是亦教诲之而已矣！”（《孟子·告子章句下》）亦属此理。

上述几例，大抵是以不教为教，属于消极教育。这种消极教育的积极意义，在于激发弟子自反、参悟。这正是所谓“不愤不启，不悱不发”（《论语·述而》）的精义所在。

（二）辨惑

孔子认定弟子提出的问题值得解答之后，还对问题本身加以分辨，务使提问者知道自己惑之所在。

子张的“达人”之问属于此例：

子张问：“士何如斯可谓之达矣？”

孔反问：“何哉，尔所谓达者？”

子张问：“在邦必闻，在家必闻。”

孔反问：“是闻也，非达也！”

孔（或子张）说：“夫达也者，质直而好义，察言而观色，虑以下人。在邦必达，在家必达。夫闻也者，色取仁而行违，居之不疑。在邦必闻，在家必闻。”

（《论语·颜渊》）

子张似乎惑在士之“达”，其实他并不了解“达”的含义，把“闻”与“达”混为一谈。犹如今人误以为凡是名人都属有德有能之辈。表明其惑实不在“达”，而在“达”“闻”不分。孔子的办法是先使其明了惑之所在，再予以解答。

有的研究者认定这一问对近于苏格拉底“产婆术”。可以这样说：孔子的两个反问，可谓近于“产婆术”。唯最后的“达”“闻”之辨，究竟出自谁口，尚难断定。如出自孔子之口，只能算是虎头蛇尾的“产婆术”。

（三）专对，即因人而解

孔子解惑艺术的特点之三，是因人而解。值得注意的是，其着眼之点不在题面之惑，而重在联系提问者的思想、行为与处境，借题发挥，提供行为指导。这类解惑案例，通常冠以“因材施教”。其实，就所解之惑而论，基本上属于“因德（原有道德修养）施教”。只有把“材”归结为德，或个性，才可称其为因材施教。如子路、冉有分别问“闻斯行诸”，孔子给以截然相反的回答（《论语·先进》）；颜渊、仲弓、司马牛、樊迟分别问“仁”，孔子分别给以不同的解答（《论语·颜渊》）。这些不同的解答，大抵同弟子的个性、修养、处境的差异相关。[①]可见这种“解惑”，不同于“你问我答”的消极的解惑，而属于积极的引导性的解惑。

由此不免想起孔子研究中一个带有普遍性的问题，即孔子的言论，如作为一种“理论”看待，可算是教育实践理论。它旨在指导实践。正因为如此，孔子无意给“仁”“礼”“孝”之类概念，下一般性的定义。他所下的定义，不属于描述性定义，更不属于揭示概念所反映的对象本质属性的定义，而是一种“定义性的陈述”，即或明或暗地告诉人们应有的事实状态，或行为取向的表述。不仅如此，他所表述的同一概念（如“仁”）的含义，还因对象（指对话者）而别。这种定义无以名之，不妨称其为“专对性定义”。

值得注意的是，樊迟两度问“仁”、问“知”。如一次问“知”，答为“务民之义，敬鬼神而远之，可谓知矣”（《论语·雍也》）；另一次问“知”，答为“知人”。见樊迟未解，进而解为“举直错诸枉，能使枉者直”，樊迟可真“迟”，仍然不解，只得

① 其中或存在传述者把不同的具体问题简化的可能性。如把同“仁”相关的不同问题简化为“仁”。

背地里转问子夏（《论语·颜渊》）。于此更可见孔子所下定义的“专对”性质。据此，若把这类“专对性定义”视为一般定义，很可能曲解孔子原意。

三、弟子认同、重问、追问与反问

尤其令人感兴趣的是，孔子的弟子中，固然有些弟子对于孔子的解惑，表示“唯”（曾参，《论语·里仁》），“不违如愚”（颜渊，《论语·为政》）、“请事斯语”（颜渊、仲弓，《论语·颜渊》）、“书诸绅”（子张，《论语·卫灵公》）。亦有弟子声称“非不说子之道，力不足也”[①]（冉有，《论语·雍也》）；更值得注意的是，许多弟子不仅勤问、善答问，还采用设问、转问、追问、反问等形式，质疑问难（见表6.2）。

表6.2　孔门弟子发问形式举例

发问形式	记　　载	出　处	备　注
设问	宰我问曰：“仁者，虽告之曰，‘井有仁焉’。其从之也？”子曰：“何为其然也？君子可逝也，不可陷也；可欺也，不可罔也。”	《论语·雍也》	李贽评：“宰我借‘从井’问夫子之出处耳。逼真言语之科。”（李贽：《四书评》）

① 孔子问此，只道是“力不足者，中道而废。今女画”，算是“道而弗牵，强而弗抑，开而弗达”的“善喻”之诲（《礼记·学记》）；唯引导未果，冉求后来附益于季氏，为之聚敛，夫子大为光火：“非吾徒也，小子鸣鼓而攻之，可也。”（《论语·先进》）

（续表）

发问形式		记　载	出　处	备　注
转问		冉有曰：“夫子为卫君乎？”子贡曰：“诺；吾将问之。”入，曰：“伯夷、叔齐何人也？”曰：“古之贤人也。”曰：“怨乎？”曰：“求仁而得仁，又何怨？”出，曰：“夫子不为也。”	《论语·述而》	
追问	重问	子路问君子。子曰：“修己以敬。”曰：“如斯而已乎？”曰：“修己以安人。”曰：“如斯而已乎？”曰：“修己以安百姓。修己以安百姓，尧舜其犹病诸？”	《论语·宪问》	
	问“其目”	颜渊问仁。子曰：“克己复礼为仁。一日克己复礼，天下归仁焉。为仁由己，而由人乎哉？”颜渊曰：“请问其目。”子曰：“非礼勿视，非礼勿听，非礼勿言，非礼勿动。”颜渊曰：“回虽不敏，请事斯语矣。”	《论语·颜渊》	
		子张问于孔子曰：“何如斯可以从政矣？”子曰：“尊五美，屏四恶，斯可以从政矣。”子张曰：“何谓五美？”子曰：“君子惠而不费，劳而不怨，欲而不贪，泰而不骄，威而不猛。”子张曰：“何谓惠而不费？”子曰：“因民之所利而利之，斯不亦惠而不费乎？择可劳而劳之，又谁怨？欲仁而得仁，又焉贪？君子无众寡，无小大，无敢	《论语·尧曰》	

（续表）

发问形式		记　　载	出　处	备　注
追问	问“其目”	慢，斯不亦泰而不骄乎？君子正其衣冠，尊其瞻视，俨然人望而畏之，斯不亦威而不猛乎？”子张曰：“何谓四恶？”子曰：“不教而杀谓之虐；不戒视成谓之暴；慢令致期谓之贼；犹之与人也，出纳之吝谓之有司。”	《论语·尧曰》	
	问“何加”	子适卫，冉有仆。子曰：“庶矣哉！”冉有曰：“既庶矣，又何加焉？”曰：“富之。”曰：“既富矣，又何加焉？”曰：“教之。”	《论语·子路》	
	问“奚先”“何先”	子路曰：“卫君待子而为政，子将奚先？”子曰：“必也正名乎！”子路曰：“有是哉，子之迂也！奚其正？”	《论语·子路》	
		子贡问政。子曰：“足食，足兵，民信之矣。”子贡曰：“必不得已而去，于斯三者何先？”曰：“去兵。”子贡曰：“必不得已而去，于斯二者何先？”曰：“去食。自古皆有死，民无信不立。”	《论语·颜渊》	李贽评：非子贡不能问，非孔子不能答。（《李贽：四书评》）
	问“其次”	子贡问曰：“何如斯可谓之士矣？”子曰：“行己有耻，使于四方，不辱君命，可谓士矣。”曰：“敢问其次。”曰：“宗族称孝焉，乡党称弟焉。”曰：“敢问其次。”曰：“言必信，行必果，硁硁然小人哉！——抑亦可以为次矣。”曰：“今之从政者何如？”子曰：“噫！斗筲之人，何足算也？”	《论语·子路》	

（续表）

发问形式	记　　载	出　处	备　注
反问	子路使子羔为费宰。子曰："贼夫人之子。"子路曰："有民人焉，有社稷焉，何必读书，然后为学？"子曰："是故恶夫佞者。"	《论语·先进》	
	子之武城，闻弦歌之声。夫子莞尔而笑，曰："割鸡焉用牛刀？"子游对曰："昔者偃也闻诸夫子曰：'君子学道则爱人，小人学道则易使也。'"子曰："二三子！偃之言是也。前言戏之耳。"	《论语·阳货》	

这最后一例，可谓"以子之矛，攻子之盾"。李贽借此调侃"割鸡焉用牛刀"，乃是夫子喜极，故反言之；不料子游不解，认真起来。夫子只说他"是"，自家反招一个"戏"语，何等圆活。真个是时中圣人。吾辈从此亦得待板人之法（李贽：《四书评》）。

更使孔子尴尬的，还属弟子就孔子的行为，指其矛盾：

子见南子，子路不说。夫子矢之曰："予所否者，天厌之！天厌之！"

（《论语·雍也》）

公山弗扰以费畔，召，子欲往。

子路不说，曰："末之也，已，何必公山氏之之也？"

子曰："夫召我者，而岂徒哉？如有用我者，吾其为东周乎？”

（《论语·阳货》）

佛肸召，子欲往。

子路曰：“昔者由也闻诸夫子曰：‘亲于其身为不善者，君子不入也。’佛肸以中牟畔，子之往也，如之何？”

子曰：“然，有是言也。不曰坚乎，磨而不磷；不曰白乎，涅而不缁。吾岂匏瓜也哉？焉能系而不食？”

（《论语·阳货》）

其实，善问的弟子，如子贡，正是孔子死后为孔子辩护最力的弟子。经常提出反诘，甚至对其师反唇相讥的弟子，要算是子路。子路当面顶撞其师，且屡闻对孔子的微言亦不加辩解：

叶公问孔子于子路，子路不对。子曰：“女奚不曰，其为人也，发愤忘食，乐以忘忧，不知老之将至云尔。”

（《论语·述而》）

子路宿于石门。晨门曰：“奚自？”子路曰：“自孔氏。”曰：“是知其不可而为之者与？”

（《论语·宪问》）

长沮、桀溺耦而耕，孔子过之，使子路问津焉。

长沮曰：“夫执舆者为谁？”

子路曰：“为孔丘。”

曰：“是鲁孔丘与？”

曰："是也。"

曰："是知津矣。"

问于桀溺。

桀溺曰："子为谁？"

曰："为仲由。"

曰："是鲁孔丘之徒与？"

对曰："然。"

曰："滔滔者天下皆是也，而谁以易之？且而与其从辟人之士也，岂若从辟世之士哉？"耰而不辍。

子路行以告。

夫子怃然曰："鸟兽不可与同群，吾非斯人之徒与而谁与？天下有道，丘不与易也。"

（《论语·微子》）

子路从而后，遇丈人，以杖荷篠。

子路问曰："子见夫子乎？"

丈人曰："四体不勤，五谷不分。孰为夫子？"植其杖而芸。

子路拱而立。

止子路宿，杀鸡为黍而食之，见其二子焉。

明日，子路行以告。

子曰："隐者也。"使子路反见之。至，则行矣。

子路曰："不仕无义。长幼之节，不可废也；君臣之义，如之何其废之？欲洁其身，而乱大伦。君子之仕也，行其义也。道之不行，已知之矣。"

（《论语·微子》）

而子路被孔子引为知己。于弟子善问、善反诘中，更见孔子引导之功。真可谓“善教者，使人继其志”（《礼记·学记》）。话虽如此，子贡、子路之志，仍同夫子有别。

四、夫子评答

孔子表白或发问，弟子一般均予回答，或有所表示。例外情况也有，比如：

子曰：“由！诲女知之乎！知之为知之，不知为不知，是知也。”

（《论语·为政》）

子谓子夏曰：“女为君子儒！无为小人儒！”

（《论语·雍也》）

子谓颜渊曰：“用之则行，舍之则藏，惟我与尔有是夫！”

子路曰：“子行三军，则谁与？”

子曰：“暴虎冯河，死而无悔者，吾不与也。必也临事而惧，好谋而成者也。”

（《论语·述而》）

达巷党人曰：“大哉孔子！博学而无所成名。”子闻之，谓门弟子曰：“吾何执？执御乎？执射乎？吾执御矣。”

（《论语·子罕》）

这类情况，或出于弟子回答漏载。

孔子对弟子回答，通常不置可否（或漏记）。偶遇弟子反诘，略加申述或辩解，或有特殊情况，则好恶之情溢于言表（见表6.3）。

表6.3　夫子评答类型举例

类型	记载	出处
赞扬[1]	子使漆雕开仕。对曰："吾斯之未能信。"子说。	《论语·公冶长》
	仲弓问子桑伯子。子曰："可也，简。"仲弓曰："居敬而行简，以临其民，不亦可乎？居简而行简，无乃大简乎？"子曰："雍之言然。"	《论语·雍也》
	子夏问曰："'巧笑倩兮，美目盼兮，素以为绚兮。'何谓也？"子曰："绘事后素。"曰："礼后乎？"子曰："起予者商也！始可与言诗已矣。"	《论语·八佾》
斥责	子路使子羔为费宰。子曰："贼夫人之子。"子路曰："有民人焉，有社稷焉，何必读书然后为学？"子曰："是故恶夫佞者！"	《论语·先进》
	子曰："必也正名乎！"子路曰："有是哉？子之迂也，奚为正？"子曰："野哉！由也！"	《论语·子路》
讥笑	子曰："以吾一日长乎尔，毋吾以也。居则曰：'不吾知也！'如或知尔，则何以哉？"子路率尔而对曰"千乘之国，摄乎大国之间，加之以师旅，因之以饥馑；由也为之，比及三年，可使有勇，且知方也。"夫子哂之。……曾皙曰："夫三子者之言何如？"子曰："亦各言其志也已矣。"曰："夫子何哂由也？"曰："为国以礼，其言不让，是故哂之。"	《论语·先进》
揣度	子曰："吾与回言终日，不违，如愚。退而省其私，亦足以发，回也不愚。"	《论语·为政》

（续表）

类型	记　　载	出　处
背后批评	樊迟请学稼。子曰："吾不如老农。"请学为圃。曰："吾不如老圃。"樊迟出。子曰："小人哉，樊须也！上好礼，则民莫敢不敬；上好义，则民莫敢不服；上好信，则民莫敢不用情。夫如是，则四方之民襁负其子而至矣，焉用稼？"	《论语·子路》
	宰我问："三年之丧，期已久矣。君子三年不为礼，礼必坏；三年不为乐，乐必崩。旧谷既没，新谷既升，钻燧改火，期可已矣。"子曰："食夫稻，衣夫锦，于女安乎？"曰："安。""女安，则为之！夫君子之居丧，食旨不甘，闻乐不乐，居处不安，故不为也。今女安，则为之！"宰我出，子曰："予之不仁也！子生三年，然后免于父母之怀。夫三年之丧，天下之通丧也，予也有三年之爱于其父母乎！"	《论语·阳货》

注［1］：孔子不轻易褒贬人。"如有所誉者，其有所试矣。"（《论语·卫灵公》）同时，亦不一定赞成弟子唯唯诺诺："回也非助我者也，于吾言无所不说。"（《论语·先进》）

说孔子一褒一贬，一怒一笑，皆含引导之义，未必。说其常含引导之意，则并不为过。

五、孔子告白与提问

孔子主动发问，或对弟子表白、告诫，其内容大致可分三类（见表6.4）。

表6.4 孔子告白与提问分类举例

类　型	言　　论	出　处
问志	颜渊季路侍。子曰："盍各言尔志？"子路曰："愿车马衣轻裘与朋友共敝之而无憾。"颜渊曰："愿无伐善，无施劳。"子路曰："愿闻子之志。"子曰："老者安之，朋友信之，少者怀之。"	《论语·公冶长》
	子路、曾皙、冉有、公西华侍坐。子曰："以吾一日长乎尔，毋吾以也。居则曰：'不吾知也！'如或知尔，则何以哉？"	《论语·先进》
述志（"夫子自道"）	子曰："参乎！吾道一以贯之。"曾子曰："唯。"子出，门人问曰："何谓也？"曾子曰："夫子之道，忠恕而已矣。"	《论语·里仁》
	子曰："道不行，乘桴浮于海。从我者，其由与？"子路闻之喜。子曰："由也好勇过我，无所取材。"	《论语·公冶长》
	子曰："若圣与仁，则吾岂敢？抑为之不厌，诲人不倦，则可谓云尔已矣。"公西华曰："正唯弟子不能学也。"	《论语·述而》
	子曰："不在其位，不谋其政。"曾子曰："君子思不出其位。"	《论语·宪问》
	子曰："君子道者三，我无能焉：仁者不忧，知者不惑，勇者不惧。"子贡曰："夫子自道也。"	《论语·宪问》
	子曰："莫我知也夫！"子贡曰："何为其莫知子也？"子曰："不怨天，不尤人，下学而上达。知我者其天乎！"	《论语·宪问》
	子曰："赐也，女以予为多学而识之者与？"对曰："然，非与？"曰："非也，予一以贯之。"	《论语·卫灵公》

（续表）

类型	言论	出处
政事询告	季氏旅于泰山。子谓冉有曰："女弗能救与？"对曰："不能。"子曰："呜呼！曾谓泰山不如林放乎？"	《论语·八佾》
	子使漆雕开仕。对曰："吾斯之未能信。"子说。	《论语·公冶长》
	子游为武城宰。子曰："女得人焉耳乎？"曰："有澹台灭明者，行不由径，非公事，未尝至于偃之室也。"	《论语·雍也》
	子路使子羔为费宰。子曰："贼夫人之子。"子路曰："有民人焉，有社稷焉，何必读书，然后为学？"子曰："是故恶夫佞者。"	《论语·先进》
	冉子退朝。子曰："何晏也？"对曰："有政。"子曰："其事也。如有政，虽不吾以，吾其与闻之。"	《论语·子路》

上述情况中，夫子自道，或有感而发，或因弟子有所质询（未记）。这三类情况表明，孔子主动提问，或有所表白，均未涉及典籍、经义、先贤、事理，所关注的是弟子志向及从政的抉择。勉强算是《诗》《书》、礼、乐的运用。

"夫子自道"，显示出他对弟子"无隐"："二三子，以我为隐乎？吾无隐乎矣！吾无行而不与二三子者，是丘也。"（《论语·述而》）弟子中，倒也不乏对孔子的隐衷感兴趣者。如陈亢曾向孔子之子伯鱼探听孔子的秘密：

陈亢问于伯鱼曰："子亦有异闻乎？"

对曰："未也。尝独立，鲤趋而过庭。曰：'学诗乎？'对曰：'未也。''不学诗，无以言。'鲤退而学诗。他日，又独立，鲤趋而过庭。曰：'学礼乎？'对曰：'未也。''不学礼，无以立。'鲤退而学礼。闻斯二者。"

陈亢退而喜曰："问一得三，闻诗，闻礼，又闻君子之远其子也。"

（《论语·季氏》）

《论语》中尚提及：

子谓伯鱼曰："女为《周南》《召南》矣乎？人而不为《周南》《召南》，其犹正墙面而立也与？"

（《论语·阳货》）

可资伯鱼答陈亢证。

第七章

因材施教

——学程型授业的先例

所谓“因材施教”，原是宋儒从孔子授业中得出的印象。如：孔子“各因其才之高下，与其所失而告之”（程颐）；“但其施教，则必因材而笃焉”（张栻）；“孔子教人，各因其材”（朱熹）。若问如此立论能否成立，还得看其立论的依据是否可靠。

一、例证

虽然按照一般问答的常理，主要针对所问之“题”作答，而师者对弟子所问，由于顾及弟子发问的缘由，出于长善就失的考虑，回答什么、如何回答，因人而异，也在情理之中。好在论语中不乏此类典型的例证。如：

子路问：“闻斯行诸？”子曰：“有父兄在，如之何其闻斯行之？”

冉有问："闻斯行诸？"子曰："闻斯行之。"

公西华曰："由也问闻斯行诸，子曰，'有父兄在'，求也问闻斯行诸，子曰，'闻斯行之'。赤也惑，敢问。"子曰："求也退，故进之；由也兼人，故退之。"

（《论语·先进》）

"闻斯行诸"，意思是听到一个事情，就去做吗？（当指可做可不做之事，非指合乎仁、礼之事）"求也退"，突出的表现为，他曾对乃师说："非不说子之道，力不足也。"乃师的回答是："力不足者，中道而废。今女画。"（《论语·雍也》）"由也兼人"，意思是子路好勇，往往几个人才能做的事，他也敢独自冒险去做。

这个例证表明，对两个弟子提出的同一个问题，并未就事论事地回答。孔子对两个弟子的不同回答，实针对他们各有所失。

据载："子路有闻，未之能行，唯恐有闻。"（《论语·公冶长》）所记之事，当在所问"闻斯行诸"之后，否则不致有"闻斯行诸"之问。如是，表明乃师之答，有了成效。

不过，单就此例而言，孔子就两弟子所问此题，对子路与冉有截然相反的回答，究竟意味着什么？是因材施教？还是另有考虑？其实，答案就隐在有关此例的解释中。

二、"人材"观念

孔子是否因材施教，取决于其中所谓"材"何所指。

材，是材料的意思，如木材、石材、钢材等。人材，一般泛指个人的资质，而人才主要指资质优秀、能力甚强的人材。至于孔子对弟子之“材”的看法，大致可以从他对身边若干弟子画龙点睛式的评价中看出。如：

“由也果”（《论语·雍也》）、“由也喭”（《论语·先进》）、“由也兼人”（《论语·先进》）；

“求也艺”（《论语·雍也》）、“求也退”（《论语·先进》）；

“赐也达”（《论语·雍也》）；

“师也过”（《论语·先进》）、“师也辟”（《论语·先进》）；

“商也不及”（《论语·先进》）；

“柴也愚”（《论语·先进》）；

“参也鲁”（《论语·先进》）。

且不说如此评价同后世所谓孔子七十弟子“身通六艺”（《史记·孔子世家》），“皆异能之士也”（《史记·仲尼弟子列传》）颇有出入，其实，孔子实施的是以礼乐为核心价值的伦理道德之教，有别于客观知识传承之教，无论弟子“愚”不愚，“达”不达，礼乐是夫子之教的根本，故与其说孔子因材施教，不如说他实际上是因弟子伦理道德的得失而施教，却很难证明他因赐（子贡）之达、师（子张）之辟、商（子夏）之不及、柴（高柴）之愚以及参（曾参）之鲁而教什么、如何教。

在语言中，往往存在一词多义的情况，而在研究中，必须确定某个语词所表达的概念到底是什么含义。故通常按照下定义的规则，对基本概念的内涵加以界定，并且在同一著作行文中，必须保持概念的单义性，否则在同一著作中基本概念的含义变来变去，也就不知所云，甚至成为狡辩。

明乎此，可知以上的讨论，正与此相关。关于因材施教，自然涉及其中所谓“材”，如作为语词，可以一词多义，那么，在这个意义上，究竟因什么施教，便带有不确定性。如果把其中所谓“材”作为概念，势必对其内涵加以界定。问题在于所界定的“材”，是否符合孔子授业的实际情况。

孔子在回答季康子的问题时，对他的三个弟子作过评价：“由也果”“赐也达”“求也艺”（《论语·雍也》）。这三位弟子是：仲由，字子路，幼孔子9岁；端木赐，字子贡，幼孔子31岁；冉求，字子有，幼孔子29岁。就《论语》记载而论，他们可算是同孔子交往密切的弟子。孔子对这三位弟子的指导，堪称因材施教的典型案例。

三、因“由”施教

子路何许人也？按照乃师的评价、子路表白及其同学的陈述，其特点如表7.1所示：

表7.1　子路的特点

类别	特点陈述	出处
个性	由也喭。	《论语·先进》
	子曰：“野哉，由也！君子于其所不知，盖阙如也。”	《论语·子路》

（续表）

类别	特 点 陈 述	出 处
个性	子曰："由也果，于从政乎何有？"	《论语·雍也》
	子曰："由也好勇过我，无所取材。"	《论语·公冶长》
人品	子曰："衣敝缊袍，与衣狐貉者立，而不耻者，其由也与？'不忮不求，何用不臧？'"	《论语·子罕》
	子曰："盍各言尔志？"子路曰："愿车马衣轻裘与朋友共敝之而无憾。"	《论语·公冶长》
	子路有闻，未之能行，唯恐有闻。	《论语·公冶长》
才能	政事：冉有，季路。	《论语·先进》
政见	子路率尔而对曰："千乘之国，摄乎大国之间，加之以师旅，因之以饥馑；由也为之，比及三年，可使有勇，且知方也。"	《论语·先进》

孔子同子路过从甚密，深知子路的个性、人品，亦知子路政治倾向同自己政治态度的距离，故在答问中不时有针对性地加以指导。

子路问："闻斯行诸？"孔子反问："有父兄在，如之何闻斯行之？"冉有问同一个问题，孔子却干脆地回答："闻斯行之。"公西华从旁听了好生不解：为什么两人问同一个问题，答案正好相反？孔子说："求也退，故进之；由也兼人，故退之。"（《论语·先进》）

子路问："君子尚勇乎？"孔子针对子路好勇，指出"君子义以为上。君子有勇而无义为乱；小人有勇而无义为盗"（《论语·阳货》）。他还主动问子路：是不是知道"六言六蔽"？子路表示不知。孔子告诉他“好仁不好学，其蔽也愚；好知不好学，其蔽也荡；好信不好学，其蔽也贼；好直不好学，其蔽也绞；好勇不好学，其蔽也乱；好刚不好学，其蔽也狂”（《论语·阳货》），向子路突出一个“学”字。

总之，子路力行，倾向于在“行”中学：“有民人焉，有社稷焉，何必读书，然后为学？”（《论语·先进》）“唯恐有闻”，对空洞的道理不感兴趣，也就难免自以为是。故孔子告诫：“由，诲女知之乎？知之为知之，不知为不知，是知也。”（《论语·为政》）暗喻“学”的必要。

子路见解常同孔子相左，故同乃师不时发生争议。有些争论还相当激烈。涉及子路政治行为有非礼或不当之嫌的争议，如：

子路使子羔为费宰。子曰：“贼夫人之子。”

子路曰：“有民人焉，有社稷焉，何必读书，然后为学？”

子曰：“是故恶夫佞者。”

（《论语·先进》）

季氏将伐颛臾。冉有、季路见于孔子曰：“季氏将有事于颛臾。”

孔子曰：“求！无乃尔是过与？夫颛臾，昔者先王以为东蒙主，且在邦域之中矣，是社稷之臣也。何以伐为？”

冉有曰：“夫子欲之，吾二臣者皆不欲也。”

孔子曰：“求！周任有言曰：‘陈力就列，不能者止。’危而不持，颠而不扶，则将焉用彼相矣？且尔言过矣，虎兕出于柙，龟玉毁于椟中，是谁之过与？”

冉有曰："今夫颛臾，固而近于费。今不取，后世必为子孙忧。"

孔子曰："求！君子疾夫舍曰欲之而必为之辞。丘也闻有国有家者，不患寡而患不均，不患贫而患不安。盖均无贫，和无寡，安无倾。夫如是，故远人不服，则修文德以来之。既来之，则安之。今由与求也，相夫子，远人不服，而不能来也；邦分崩离析，而不能守也；而谋动干戈于邦内。吾恐季孙之忧，不在颛臾，而在萧墙之内也。"

（《论语·季氏》）

涉及孔子政治意向有非礼之嫌的争议，如：

子见南子，子路不说。夫子矢之曰："予所否者，天厌之！天厌之！"

（《论语·雍也》）

佛肸召，子欲往。

子路曰："昔者由也闻诸夫子曰：'亲于其身为不善者，君子不入也。'佛肸以中牟畔，子之往也，如之何？"

子曰："然，有是言也。不曰坚乎，磨而不磷；不曰白乎，涅而不缁。吾岂匏瓜也哉？焉能系而不食？"

（《论语·阳货》）

公山弗扰以费畔，召，子欲往。

子路不说，曰："末之也，已，何必公山氏之之也？"

子曰："夫召我者，而岂徒哉？如有用我者，吾其为东周乎？"

（《论语·阳货》）

此外，较小的意见分歧屡见。在争议中，双方有时不免感情用事，出言不逊，如子路称“子之迂也”，而孔子斥其“野哉”（《论语·子路》）。至于子路在孔子身边“行行如也”，“子乐”之余又突然冒出一句：“若由也，不得其死然。”（《论语·先进》）这未必是骂他。按照李贽的理解，此为“乐极之词”（李贽：《四书评》），倒反映他们关系的和洽。

孔子与子路感情甚笃。孔子失意时，把子路引为知己：“道不行，乘桴浮于海。从我者，其由与！”（《论语·公冶长》）子路对孔子的感情不表现在口头上。他从不像颜渊、曾参、子贡那样在当面或背后赞扬孔子，并且屡次听到别人问到孔子（甚至对孔子的非议、讥评），都不予置答，如：

叶公问孔子于子路，子路不对。子曰：“女奚不曰，其为人也，发愤忘食，乐以忘忧，不知老之将至云尔。”

（《论语·述而》）

子路宿于石门。晨门曰：“奚自？”子路曰：“自孔氏。”曰：“是知其不可而为之者与？”

（《论语·宪问》）

长沮、桀溺耦而耕，孔子过之，使子路问津焉。

长沮曰：“夫执舆者为谁？”

子路曰：“为孔丘。”

曰：“是鲁孔丘与？”

曰：“是也。”

曰：“是知津矣。”

问于桀溺。

桀溺曰："子为谁？"

曰："为仲由。"

曰："是鲁孔丘之徒与？"

对曰："然。"

曰："滔滔者天下皆是也，而谁以易之？且而与其从辟人之士也，岂若从辟世之士哉？"耰而不辍。

子路行以告。

夫子怃然曰："鸟兽不可与同群，吾非斯人之徒与而谁与？天下有道，丘不与易也。"

（《论语·微子》）

子路从而后，遇丈人，以杖荷筱。

子路问曰："子见夫子乎？"

丈人曰："四体不勤，五谷不分。孰为夫子？"植其杖而芸。

子路拱而立。

止子路宿，杀鸡为黍而食之，见其二子焉。

明日，子路行以告。

子曰："隐者也。"使子路反见之。至，则行矣。

子路曰："不仕无义。长幼之节，不可废也；君臣之义，如之何其废之？欲洁其身，而乱大伦。君子之仕也，行其义也。道之不行，已知之矣。"

（《论语·微子》）

孔子知道这种情况，也不以为意。夫子豁达得很。子路在行动上对孔子倍加关切：

子疾病，子路请祷。子曰："有诸？"子路对曰："有之；《诔》曰：'祷尔于上下神祇。'"子曰："丘之祷久矣。"

（《论语·述而》）

子疾病，子路使门人为臣。病间，曰："久矣哉，由之行诈也！无臣而为有臣。吾谁欺？欺天乎！且予与其死于臣之手也，无宁死于二三子之手乎！且予纵不得大葬，予死于道路乎？"

（《论语·子罕》）

只是他所办的事，往往不如孔子之意。

孔子对子路多方引导，不能说没有效果。孔子称："由也升堂矣，未入于室也。"（《论语·先进》）虽就"由之瑟"而言，倒不无弦外之音。子路虽然够不上"入室"标准，从他几度对孔子有越礼之嫌的从政抉择意向的反诘可知，对礼倒也有比孔子更加执着之处，而孔子反比这个像是"老天真"的弟子圆活。子路称"子之迂也"，其实，"由之迂也"岂不更确切么？

四、因"赐"施教

相对于"由也果"，子贡可谓"赐也达"，即通达、圆活、善解人意，能言善辩。在乃师面前，与"訚訚如也"的闵子骞，"行行如也"的子路迥然不同，表现为"侃侃如也"，属古代的一位"侃爷"。《论语》及《孟子》中关于子贡特点的表述如表

7.2所示：

表7.2　子贡的特点

特点	表　　述	出　处	备　　注
善解人意	子曰："君子道者三，我无能焉：仁者不忧，知者不惑，勇者不惧。"子贡曰："夫子自道也。"	《论语·宪问》	
	昔者子贡问于孔子曰："夫子圣矣乎？"孔子曰："圣则吾不能，我学不厌而教不倦也。"子贡曰："学不厌，智也；教不倦，仁也。仁且智，夫子既圣矣！"	《孟子·公孙丑章句上》	
机智	冉有曰："夫子为卫君乎？"子贡曰："诺；吾将问之。"入，曰："伯夷、叔齐何人也？"曰："古之贤人也。"曰："怨乎？"曰："求仁而得仁，又何怨？"出，曰："夫子不为也。"	《论语·述而》	鲁哀公二年（公元前493年），卫灵公逐其世子蒯聩。灵公死，蒯聩与其子辄争位，孔门弟子就此事议论。
善辩	子路曰："桓公杀公子纠，召忽死之，管仲不死。"曰："未仁乎？"子曰："桓公九合诸侯，不以兵车，管仲之力也。如其仁，如其仁。"子贡曰："管仲非仁者与？桓公杀公子纠，不能死，又相之。"子曰："管仲相桓公，霸诸侯，一匡天下，民到于今受其赐。微管仲，吾其被发左衽矣。岂若匹夫匹妇之为谅也，自经于沟渎而莫之知也？"	《论语·宪问》	管仲曾从齐襄公之子纠，而在齐襄公被刺后，转而投靠夺得王位的公子小白（齐桓公），不像召忽那样，在桓公杀死公子纠以后，为其殉死。孔门弟子对管仲颇有微词，遂同乃师争辩。

子贡曾探问孔子对自己的评价，问："赐也何如？"孔子答："女器也。"子贡追问："何器也？"孔子答："瑚琏也。"（《论

语·公冶长》）在孔子看来，子贡是一个难得的人才，对他不时加以引导，尤其针对他长于货殖（做生意）而不免急功近利予以指点：

1. 子贡主张免去以供羊行告朔之礼，孔子不以为然："赐也，尔爱其羊，我爱其礼。"（《论语·八佾》）属道学夫子与务实者之争。

2. 子贡问："贫而无谄，富而无骄，何如？"大概以为能这样已经不错了。孔子回答："可也！未若贫而乐，富而好礼者也。"子贡不但不争，反而由此引申："《诗》云：'如切如磋，如琢如磨。'其斯之谓与？"孔子听了非常得意："赐也，可以与言《诗》已矣！告诸往而知来者。"（《论语·学而》）在《论语》中，孔子表示"始可与言《诗》已矣"，除此例外，只有子夏一例（《论语·八佾》）。

3. 孔子最赏识的弟子是颜渊，为了引导子贡爱礼，要子贡把自己同颜渊作比较："女与回也孰愈？"子贡回答："赐也，何敢望回？回也闻一以知十，赐也闻一以知二。"是以"达"相比，而不以礼相比。孔子大度："弗如也，吾与女弗如也！"（《论语·公冶长》）连夫子都自愧不如颜渊，子贡还不该向颜渊学习么？

但，孔子还把子贡与颜渊作另一种比较："回也其庶乎，屡空；赐不受命而货殖焉，亿则屡中。"（《论语·先进》）孔子对于弟子下海倒也理解，并且似乎肯定了子贡经商之能。[①]

---

① 李贽评此章："回是药，赐是病。真个是对病之药。"（李贽：《四书评》）解得奇特，可谓别具慧眼。

4. 子贡表示："我不欲人加诸我也，吾亦欲无加诸人。"在那种时代出现这种自尊尊人的意识，也算难为他了。孔子对他所表示的这种处世为人态度，未加褒贬。只是说："赐也，非尔所及也。"(《论语·公冶长》)

果然不出孔子所料。子贡"方"[①]人。孔子指出："赐也贤乎哉！夫我则不暇。"(《论语·宪问》)

在孔门弟子中，唯有子贡家累千金。如果说颜渊为"贫而乐"的典范，那么，子贡或可谓之"富而好礼"的榜样。

"赐也达"之"达"，依照孔子的解释："夫达也者，质直而好义，察言而观色，虑以下人。"(《论语·颜渊》) 子贡"闻一以知二"，善察弦外之音，富而不骄，直道而行，可谓"达"矣！

孔子哀叹："予欲无言。"子贡称："子如不言则小子何述焉?"(《论语·阳货》) 似乎肉麻。他的行为表明，那是由衷之言。孔子卒后，若干弟子服丧三年，三年后相诀而别，唯有子贡庐于冢侧，凡六年，然后去(《孟子·滕文公章句上》)。

《论语》所载弟子评师，凡十，子贡独占其八。孔子死后，人道"子贡贤于仲尼"(叔孙武叔，《论语·子张》)，连孔门弟子陈子禽亦有同感，提出"仲尼岂贤于子乎?"的疑问，子贡力辩："夫子之墙数仞"，"赐之墙也及肩"，"夫子之不可及也，犹天之不可阶而升也"(《论语·子张》)。子贡恐怕是制造孔子个

---

① "方"，以往通解为"比"，即比方。子贡确实爱把人与人相比，如问："师与商也孰贤?"孔子并不介意。或因"方"与"旁、谤"相近，解为"言人之过恶"(郑玄注)。如是，则有失恕道，当受孔子斥责，而孔子并不介意，可见此"方"并无谤意。"方"或作"防"解，如说某人很"方"(外圆内方、外方内圆之"方")，同子贡"我不欲人加诸我也，吾亦欲无加诸人"义近。依此，孔子答以"夫我则不暇"，含劝诫之意。

人迷信的第一人。这块孔门“瑚琏”，算是对得起乃师的一番心血。

五、因“求”施教

冉有与子路同长于“政事”，于孔子面前，他同子贡一样“侃侃如也”。他同子路、子贡的区别如表7.3所示：

表7.3　冉有与子路、子贡的区别

特　点	例　　　证	出　处
求也艺[1]	子路问成人。子曰："若臧武仲之知，公绰之不欲，卞庄子之勇，冉求之艺，文之以礼乐，亦可以为成人矣。"	《论语·宪问》
求也退	冉求曰："非不说子之道，力不足也。"	《论语·雍也》

注［1］：自然，在当时那种时代，“艺”属“鄙事”。如孔子自称“吾少也贱，故多能鄙事。”（《论语·子罕》）琴牢引孔子语“吾不试，故艺”（《论语·子罕》）作解。

孔子对冉有的引导为：

当子路与冉有同问“闻斯行诸”时，孔子对冉有的回答是“闻斯行之”。理由是“求也退，故进之”（《论语·先进》）。

当冉有表示“非不说子之道，力不足也”时，孔子指出：“力不足者，中道而废。今女画。”（《论语·雍也》）

孔子大抵不相信求仁用力而达不到的情况：“有能一日用其力于仁矣乎？我未见力不足者。盖有之矣！我未之见也！”（《论语·里仁》）

其实，所说“非不说子之道，力不足也”，是托词。问题不在“求也退”还是“求也进”，而在于冉有悦什么“道”？在什么事情上“退”。

孔子适卫，不禁慨叹：“庶矣哉！”冉有问：“既庶矣，又何加焉？”答：“富之。”再问：“既富矣，又何加焉？”孔子的回答是“教之”（《论语·子路》）。“庶”“富”“教”仿佛是安邦治国的三个台阶。孔子有感于在卫不见用，自称：“苟有用我者，期月而已可也，三年有成。”（《论语·子路》）如有机会治卫，他大概将行庶—富—教路线，冉有则不然。

当孔子问冉有的抱负时，他自称“方六七十，如五六十，求也为之，比及三年，可使足民；如其礼乐，以俟君子”（《论语·先进》）。表明只谋求“足民”即“富之”，至于“教”之礼乐“以俟君子”，又属托词。他压根儿对此缺乏兴趣。

不仅说说而已。后来冉有作为季氏家臣，经过一番努力，“季氏富于周公，而求也，为之聚敛，而附益之”。作为“足民”之举，倒不失为“求也进”。孔子对冉有的作为，大为光火，遂大叫，冉求，“非吾徒也”，像是宣布开除他的“学籍”，并号召：“小子鸣鼓而攻之，可也！”（《论语·先进》）

六、诸例同理

孔子“因材施教”的精义何在？

孔子虽然知道完善的人格的标准，并不以完善的人格强求弟子。依他看来，“若臧武仲之知，公绰之不欲，卞庄子之勇，冉求之艺，文之以礼乐，亦可以为成人矣！”（《论语·宪问》）

他经常鼓励弟子追求完美的道德人格，并不强求不同弟子达到同一种道德修养水平。按照他的“仁”的标准，子路、子贡、冉有都还未达到“仁”的标准，他认为“由也果”“赐也达”“求也艺”，“于从政乎何有”(《论语·公冶长》《论语·雍也》)。

他两度鼓励弟子述志，各弟子所表露的志向不同，在他看来，这是自然的事，“亦各言其志而已矣”！（《论语·公冶长》《论语·先进》）

弟子在他面前，“訚訚如也”，或“侃侃如也”，或“行行如也”，表现不同，“子乐”，他反而高兴。

正是基于豁然大度和对弟子自我选择的尊重，才有可能因材施教。

因材施教之“教”，主要不是指“才能”。程颐原称“各因其才之高下与其所失而告之”，其实，孔子针对不同弟子所施不同之教，未必都同其“才能”差异相关；[①]因材施教之“材”，大抵包括资质、个性、人品、政治倾向，因材施教即因人而教。不过，也还存在对同一弟子（如樊迟）先后问同一个问题（“仁”）作不同回答的情况（《论语·雍也》《论语·颜渊》），因材施教，也就包括“因惑而解”之意。

因材施教之“教”，主要不是“言教”，而着重针对弟子之行而论，孔子本身更不是以言代教。

孔子“诲人不倦”，并非滔滔不绝地说教；相反，夫子“敏

① 孔子所赏识的弟子，莫过于颜渊，主要赞赏其“好学”，而非其才。或谓颜渊“闻一以知十”，其实，不过是子贡的溢美之词。当颜路（渊之父）称渊之才时，孔子淡然回答：“才不才，亦各言其子也。”（《论语·先进》）

于行而慎于言”（《论语·学而》）。“诲人不倦”，主要不在“言”，而在“行”。

似乎也有例外：“吾与回言终日，不违如愚。”（《论语·为政》）可见，孔子也有“终日侃侃如也”的表现。唯一方尽日长谈，另一方“不违如愚”，岂不是“一言堂”么？其实，所谓“不违如愚”，指的是认同孔子之说，不见得就是一味诺诺连声，点头称是。不是说“语之而不惰者，其回也与？”（《论语·子罕》）况且颜渊其人，据称有“闻一知十”之能，可说的话不会少。只是以往注家把“语之而不惰者”，解为孔子语之而颜渊行之不惰。这恐怕出于把“不违如愚”解得过死，从而把“语之而不惰者”，解得过活，不免出格。

“夫子循循然善诱人”（《论语·子罕》），颜渊当比其他学友更有这种感受。受到“小子鸣鼓而攻之”的冉有的感受或许不同。“野哉，由也”也许另有感受。就是颜渊，在听到“吾以女为死矣”（《论语·先进》）时，头脑中恐怕也冒不出“循循然”。这也不怪。“唯仁者能好人，能恶人。”（《论语·里仁》）孔子是“仁者”，他就有资格骂“不仁”或“仁”得不够的人。

综观孔子授业，对弟子“无隐”，“远其子”而近于弟子，由衷而诲，长善救失，才算是“因材”所施之“教”。

七、不必要的误解

知因材施教，通常的依据是：在孔门授业中，不同弟子问同一个问题，乃师对不同弟子作不同的回答。其中以“仁”为话题的对话如表7.4所示：

表7.4　七弟子八问之“仁”的大致区别

类　　型	记　　　　载	出　　处
德行之“仁”	颜渊问仁。子曰：“克己复礼为仁。一日克己复礼，天下归仁焉。为仁由己，而由人乎哉？”颜渊曰：“请问其目。”子曰：“非礼勿视，非礼勿听，非礼勿言，非礼勿动。”颜渊曰：“回虽不敏，请事斯语矣。”	《论语·颜渊》
	樊迟问仁。子曰：“居处恭，执事敬，与人忠。虽之夷狄，不可弃也。”	《论语·子路》
作为德性（人品）的“仁者”	司马牛问仁。子曰：“仁者，其言也讱。”曰：“其言也讱，斯谓之仁已乎？”子曰：“为之难，言之得无讱乎？”	《论语·颜渊》
治国理政之仁政（其中包括执政者及参政者的德行、德性）	樊迟……问仁。曰：“仁者先难而后获，可谓仁矣。”	《论语·雍也》
	仲弓问仁。子曰：“出门如见大宾，使民如承大祭。己所不欲，勿施于人。在邦无怨，在家无怨。”仲弓曰：“雍虽不敏，请事斯语矣。”	《论语·颜渊》
	樊迟问仁。子曰：“爱人。”	《论语·颜渊》
	子贡问为仁。子曰：“工欲善其事，必先利其器。居是邦也，事其大夫之贤者，友其士之仁者。”	《论语·卫灵公》
	子张问仁于孔子。孔子曰：“能行五者于天下为仁矣。”“请问之。”曰：“恭，宽，信，敏，惠。恭则不侮，宽则得众，信则人任焉，敏则有功，惠则足以使人。”	《论语·阳货》

由此发生的问题是，孔子到底因“何”施教？在回答这个

问题之前，不能不对作为思考这个问题依据的素材加以分辨。

由于这个记载中，各个弟子所问之“题”，都被简化为一个简单的“仁”字，也就产生不同弟子所问为“同一个问题”的错觉。由此便自然地得出对“同一个问题”的不同回答，并假定这或与不同弟子之“材”相关。然而，这个立论若得以成立，还有一些问题待解。

如果把因材施教作为先入之见，势必需要回答：如对颜渊的如此回答，究竟同颜渊（其材）有何相关？对仲弓的那样回答，同仲弓（其材）有什么具体的联系？否则其论能否成立，便成为问题。

同一个樊迟，三次问“仁”，至少表明三次不同的回答，未必都同樊迟（其材）相关。

如果不以因材施教为假设，另眼看待上述原始材料，即相信孔子不致文不对题，答非所问。那样或能从孔子所答中，折射出七弟子八问之“题”的大致区别（见表7.4）。

这是从以“仁”为主题词的话语中归纳出的“仁”的概念在运用中的区分。因为如不明德行之“仁”与作为德性（人品）的“仁者”之别，甚至还可能误以为夫子前言不搭后语。例如，既然“仁远乎哉？我欲仁，斯仁至矣”（《论语·述而》），那么，当孟武伯问子路、冉有、公西华“仁乎”的时候，孔子都以“不知其仁也”作答（《论语·公冶长》），仿佛“仁”又远不可及。其实，前者是指德行意义上的“仁”，后者是就作为德性（人品）的“仁者”而言。个人修养中德行、德性之“仁”，同治国理政中的“仁政”更有区别。

在以上讨论中，涉及作为因材施教立论依据的原始资料中，由于“仁”一词多义，才发生孔子对不同弟子提出的“同一个问题”作不同回答的错觉，并由此发生孔子因“材”施教的印象。

八、今古势易话因材施教

长期以来人们关注因材施教，不无原因。这是由于教育既然以学生为对象，而各个学生才具不同，品性有别。每个学生或有所长，或有所短，故“教也者长善而救其失者也”(《礼记·学记》)。教育如果不能长学生之善，救学生之失，岂不落空？就这个或那个学生来说，如果未能从教育中长其善，救其失，同未受教育又有多大差别？可见，因材施教比较接近教育的常识常理。

问题在于因材施教语境中“材”与“教”都是变数，加之使其得以实现的环境、条件差别甚大，故因材施教既可能非常困难，也可能简单之至。

在个别施教的情境中，单就学生行为指导而论，可以说谁都能够因材施教。任何一个家长，如果连“子也进，故退之。女也退，故进之”这样简单的道理都不懂，还配为子女的监护人么？教师更是如此。即使就教学而论，在个别授课的时代，教师只要打算因材施教，倒也不难做到。

在以学生群体为对象的教育情境中，情况大不一样。在如今这种“一师多生”的情况下，一个教师面对众多学生，对他们的行为逐个加以指导，而又使其行为得到改善，谈何容易？何况在“一生多师”的格局中，对同一个学生行为指导的责任又不甚分明，也就难以问责。至于班级授课，实际上是以因“教材”施教为基础。即使有因“人材”施教的尝试，也只是因“教材”施教的补充。不仅实际上不能不如此，即使从学生成才着想，共同必修的基础教育课程也有必要。因为任何学生都不是社会中孤立的个体。所有未成年的学生的“个体社会化”，都需要接受作为社会成员所必不可少的普通教育。

因材施教之类经典案例或箴言，萌生于社会需求与人生需求较为单纯、教育机会有限、教育情境简单的古代。如果说此类案例或箴言（不限于因材施教）在那种时代曾经行之有效，那么在如今这种社会需求与人生需求多样而又多变、教育规模庞大、教育结构日趋复杂的时代，如试图仍以此类案例或箴言为解决施教的良方，不啻是以不变应多变。若以此为“想当然”的依据，而回避对“材”“教”以及环境、条件的具体分析、切实研究，说不定反而误事。

那么，在现实状况下，我们的教育举措如何使各不相同的学生的潜在能力得以发挥，使其各尽其才、各展其长呢？其实，这个问题并不很复杂。单就基础教育来说，按照现时代教育的常理常规，宜对“学校日”（在校时间与上课时间）加以控制，并使基础教育中的必修课程，保持在社会必要和以学生平均水平为基准（多数学生经过努力可以达到的标准）的限度以内，从而使学生有足够的自主支配的时间与空间。这无论对于像子路那样的学生，还是像冉求那样的学生，以及比他们更为优秀或不及他们的学生，都较为公平。因为学生是否成才，归根到底是他们自己以及他们监护人的事情。按照现代教育价值观念，学校作为公共教育机构，对社会承担的“教育义务”有限。如实施“英才教育”，势必成为更多学生的负担和造成社会的混乱。

不过，这只是在因材施教问题上就事论事而已。因课业负担长期居高不下，学生缺乏自主活动的机会，别有与此无干的缘由。

第八章

“不愤不启，不悱不发”

——学程型授业的先例

在中国，谈起所谓“启发式”教学，总不免追溯到孔子授业。时至今日，改变实际工作中的“注入式”教学尚且不易，而孔子远在两千四百多年以前就开创了启发之教的先例，同古希腊稍后出现的苏格拉底“产婆术”异曲同工，不得不令人钦佩。

孔子授业中的启发，最有代表性的表述是“不愤不启，不悱不发，举一隅不以三隅反，则不复也”（《论语·述而》）。这句千古名言在教育界几乎尽人皆知。问题在于：这个判断的含义是什么？其精义何在？孔子究竟如何“不愤不启，不悱不发”，难道其弟子“不愤”“不悱”，他都不予“启”“发”么？他如何“启”，如何“发”，如何使弟子“举一反三”？为什么孔子能够实施“启发”，而今人实施“启发式”教学却步履艰难？尽管研究孔子的成果汗牛充栋，这样一些问题仿佛回答了，但又不甚了然。这就有必要加以分辨。

一、“愤”“悱”辨析

所谓“不愤不启，不悱不发”究竟是什么意思？其中所谓“愤”与“悱”的含义是什么？

按照朱熹《四书章句集注》的解释：“愤者，心求通而未得之意；悱者，口欲言而未能之。”尽管千余年来这种解释仿佛已成定解，总不免令人好生奇怪：从一个“愤”字，一个“悱”字何以能生发出那么复杂、那么微妙的心态？再说，“悱”字明明是“忄”旁，同“口”有何必然联系？这是多年前就发生的疑问，如今重新查阅有关资料，虽谈不上疑团冰释，总算开始化解了。

“愤”，按照《辞海》解释，有两种含义：一是愤怒、怨恨之义；一是郁结之义，如白居易《与元九书》，“既而愤悱之气，思有所泄”所表达的就是这种心中蕴结之情。“悱”，朱注本于郑玄注：“孔子与人言，必待其人心愤愤、口悱悱，而后启发为之说。”郑注又本于《说文解字》：“悱，口悱悱也。”《说文解字》所解“口悱悱”，指口中发出非议，还是心存非议想发而发不出，不清楚。清人朱骏声《说文通训定声》提到，“悱字亦作悲”，即把左右结构的“悱”，解为上下结构的“悲”字。本人以往觉得此解“似更恰当”。“悲”与“愤”对举，一为亢进之情，一为抑郁之情。现在看来朱骏声解作“悲”，也不尽妥当。在《辞海》“心”与“忄”部所收的字中，如“忠”与“忡”、“怎”与“怍”不可通，此外，也别无可通之字。看来“悱”与“悲”有别，如“悱恻”属含悲的郁结之情，指内心悲苦凄切。

“舒蓄思之悱愤，奋久结之缠绵”（成公绥：《啸赋》），所表达的正是这种情调。

朱熹注“愤”“悱”的缺陷，只在于把两字表达异常的情绪状态的字，解为两种较为平常的思维及言语状态。套一个时髦的术语，也就是把“非智力因素”当作“智力因素”。

这样看来，所谓愤—启、悱—发，属于情绪的疏导；而所谓“举一隅不以三隅反，则不复也”，才同“智力因素”相关，如“复”，那才算是后来人们所理解的“启”。

依照愤—启、悱—发的原意，孔子授业虽顾及弟子的“智力因素”，或许更加关注弟子的“非智力因素”。因为他所实施的是伦理之教，与近代以来以知识为主的授业格局殊异。他不能不关注弟子修身中“情”“意”的取向。

二、因“愤”而“启”、因“悱”而“发”示例

关于“不愤不启，不悱不发”，《论语》中记载的典型教例如表8.1所示：

表8.1 《论语》中记载的“不愤不启，不悱不发”典型教例

教　例	出　处	评　述
子贡曰：“贫而无谄，富而无骄，何如？”子曰：“可也；未若贫而乐，富而好礼者	《论语·学而》	子贡原先的思想境界就不低，孔子使其上升到更高的、礼的思考境界。因为孔子认为“贫而无怨难，富而无骄易”（《论语·宪问》）；子贡由此联系到《诗》云，悟出精益求精之

（续表）

教　　例	出　　处	评　　述
也。”子贡曰：“《诗》云：‘如切如磋，如琢如磨。’其斯之谓与？”子曰：“赐也，始可与言诗已矣，告诸往而知来者。”	《论语·学而》	意。所谓“告诸往而知来者”，“往”指已知的诗句及“贫而乐，富而好礼”之说，“来者”指“其所未言者”（朱熹）。孔子未明说“思想还该深刻些”，子贡活用诗句，故“始可与言《诗》已矣”。
子夏问曰：“‘巧笑倩兮，美目盼兮，素以为绚兮。’何谓也？”子曰：“绘事后素。”曰：“礼后乎？”子曰：“起予者商也！始可与言诗已矣。”	《论语·八佾》	子夏问的是逸诗的意思，此诗句原意为：人有此倩、盼的美质，又加华彩之色，犹如素地（粉素）而着彩色。照朱熹所解，子夏可能疑其以素为色饰，孔子告诉他绘画以粉素为先，先素后绘。属就事论事。不料子夏由此忽发奇想。问：“礼”的粉地又是什么呢？其言外之意，“礼必以忠信为质”（朱熹），孔子自叹没有其弟子想得那么深刻，子夏也算得是“告诸往而知来者”。

从这两个教例能窥得夫子授业几斑呢？

子贡、子夏“愤”否，“悱”否？把“愤”“悱”作情绪状态解，似难看出他们有这种情绪，他们是不是“心求通而未得”“口欲言而未能”呢？也难说，无非是有感而发（子贡）、存疑即问（子夏）而已。只是在师—弟子问对中，显示出举一反三之能。

两个教例，前者从礼联想到《诗》，后者从《诗》联想到礼。这些联想都未免来得突兀，连孔子都出乎意料。反映这两位弟子礼的意识甚强，正合夫子之意。当时所能达到的举一反三，大概就属这类联想功夫。两位弟子显示出举一反三的能耐，“复”出了孔子的一句承诺：“始可与言《诗》矣。”至于以后如何与他们言《诗》，情况不明。其实，所谓“启”“发”有别于讲解，大抵为“点到为止”，“不求所破”，给弟子以继续思考的余地。故“始可与言《诗》矣”就是“启”“发”。

两教例暗示，在师—弟子问对以前，弟子对《诗》或有所闻，或有所记，问题是当时典籍异常金贵，一般学子尚难以“执经”问难，不知他们是怎样学《诗》的？恐怕未必像后来私塾那样，都已背熟，然后由塾师开讲（未必都开讲）。一则经籍难求；二则《诗》是否已由孔子整理出来，尚属未知之数；[1]三则孔子未必赞成所有弟子都通读《诗》，所重在用：“诵《诗》三百［说此话时，大概《诗》已编就］，授之以政，不达，使于四方，不能专对，虽多，亦奚以为？”（《论语·子路》）近乎情理的设想，也许是弟子们从夫子那里（或在别处），常有所闻，因其难以自得，偶有所知，倍觉珍贵，必牢记在心，相机运用。[2]达到子贡、子夏那种程度，才够得上与其师“言《诗》”的资格，达不到这种程度的弟子，也许不在少数。

① 《史记·孔子世家》称，孔子年四十二……不仕，退而修《诗》《书》《礼》《乐》。
② 例如，“不忮不求，何用不臧”（《诗》云），子路终身诵之（《论语·子罕》）；南容三复《白圭》（指《诗》云：“白珪之玷，尚可磨也；斯言之玷，不可为也”）（《论语·先进》）。

三、“启”“发”即善喻

提到孔子授业，往往强调“不启”“不发”之说，而忽视孔子“四忧”之谈。孔子有“四忧”，“学之不讲”为其一（《论语·述而》）。

不能说孔子一言一行都对弟子有“启”有“发”，却有不少案例反映他善于启发（见表8.2）。

表8.2　孔子善于启发案例

案　　例	出　　处	评　　述
子贡欲去告朔之饩羊。子曰：“赐也！尔爱其羊，我爱其礼。”	《论语·八佾》	含挖苦意味的告诫。
季氏旅于泰山。子谓冉有曰：“女弗能救与？”对曰：“不能。”子曰：“呜呼！曾谓泰山不如林放乎？”	《论语·八佾》	林放其人尚关注“礼之本”（曾问“礼之本”）（《论语·八佾》），冉有难道自认不如林放么？——属带讽刺意味的质诘。
或谓孔子曰：“子奚不为政？”子曰：“《书》云：‘孝乎惟孝，友于兄弟，施于有政。’是亦为政，奚其为为政？”	《论语·为政》	孔子不仕，实出于无奈，定要问其“奚不为政”，只能作自我解嘲式的回答。
子谓子贡曰：“女与回也孰愈？”对曰：“赐也何敢望回？回也闻一以知十，赐也闻一以知二。”子曰：“弗如也；吾与女弗如也。”	《论语·公冶长》	不管子贡的评价是否得当，夫子自谦“弗如”颜回，无非敦促这位聪明的弟子（“赐也达”）向颜回学习。

李贽就《公冶长·子谓子贡章》评说:“夫子造就子贡处,大有禅机。”(李贽:《四书评》)说到“禅机”,还有若干更富“禅机”的例证(见表8.3)。

表8.3 孔子造就子贡富有“禅机”的例证

案例	出处	评述
色斯举矣,翔而后集。曰:“山梁雌雉,时哉时哉!”子路共之,三嗅而作。	《论语·乡党》	孔子与子路同行,路过山中小溪上的石桥,见雌雉(野鸡)悠然自得,因叹生不逢时,“时哉,时哉”,羡雌雉得时,子路误以为夫子馋瘾发作,捉来“供”之。夫子只得“三嗅而作”。李贽称:“分明一则禅语,若认作实事,便是呆子。”(李贽:《四书评》)
南宫适问于孔子曰:“羿善射,奡荡舟,俱不得其死然。禹稷躬稼而有天下。”夫子不答。南宫适出,子曰:“君子哉若人!尚德哉若人!”	《论语·宪问》	这叫作以“不答”为“答”。“赞不容口,已从‘不答’处酿之矣!”(李贽:《四书评》)
孺悲欲见孔子,孔子辞以疾。将命者出户,取瑟而歌,使之闻之。	《论语·阳货》	既称病,又让对方知道自己并未生病,是有意让人吃闭门羹,使对方好生想想。
有孺子歌曰:“沧浪之水清兮,可以濯我缨;沧浪之水浊兮,可以濯我足。”孔子曰:“小子听之!清斯濯缨,浊斯濯足矣!自取之也。”	《孟子·离娄章句上》	《学记》称“君子之教,喻也”,“道而弗牵,强而弗抑,开而弗达……可谓善喻矣!”夫子可谓“善喻”矣!

说到“善喻”，孔子确善用隐喻（见表8.4），称得上“其言也，约而达，微而臧，罕譬而喻”的“善教者”（《礼记·学记》）。

表8.4　孔子善用隐喻案例

案　例	出　处	评　述
子曰："人而无信，不知其可也。大车无輗，小车无軏，其何以行之哉？"	《论语·为政》	《说文》："輗，大车辕端持衡者，軶辕前也；軏者，车辕端持衡者。"大车小车前若无横木，无法驾在马（或牛）身上，故车不能行。
子曰："谁能出不由户？何莫由斯道也？"	《论语·雍也》	以“户”喻“道”，不以道立身，寸步难行。
子谓颜渊曰："用之则行，舍之则藏，惟我与尔有是夫！"子路曰："子行三军，则谁与？"子曰："暴虎冯河，死而无悔者，吾不与也。必也临事而惧，好谋而成者也。"	《论语·述而》	以“暴虎冯河”喻轻率、盲动，予子路热情以一盆冷水，使其自讨没趣之余，好生想想。
子曰："苗而不秀者有矣夫！秀而不实者有矣夫！"	《论语·子罕》	以植物“苗”—“秀”—“实”生长过程中夭折的可能喻人的成长中的早夭（或指颜渊早逝）。
子曰："岁寒，然后知松柏之后凋也。"	《论语·子罕》	以松柏比喻坚毅之君子。
子曰："骥不称其力，称其德也。"	《论语·宪问》	以对良马的一种独特的视角暗示一种观察人的视角。

不过，这些都还不一定是由“愤”而“启”，由“悱”而“发”，因“举一反三”而“复”；尽管如此，“不曰‘如之何，

如之何'者，吾末如之何也已矣！"(《论语·卫灵公》)恐怕是他的基本态度。

四、因学而教，教无常法

要论孔子授业，单举若干例证，也还不能够说明问题。不管对"启""发""举一反三"作何种理解，《论语》所载大量言行，究竟有多少出于弟子的"愤""悱""举一反三"？全书512章中，师—弟子问对，约近百章。其中透露的消息，大抵为：

1. 弟子问难，一般属于有感而发，或因惑求解，同自身境遇相关者极少，从中很难察出"愤""悱"之情，举一能反三者，实在不多。尚有反应迟钝者，名叫"樊迟"的弟子，恐怕可算其中之一。可见诸《为政·孟懿子问孝章》《颜渊·樊迟问仁章》，而孔子照旧解释不误，并不见得严守"不愤不启""不悱不发"的规则。

2. 孔子主动提问，或问弟子之志，或就从政有所质询或见告，或向弟子表白（夫子自道），大致同弟子"愤""悱"无涉，而夫子自道，往往倒同他本人"愤""悱"相关。

3. 师—弟子问对中，有时发生争议，一方或双方不免动容，可见诸《先进·子路使子羔为费宰章》《季氏·季氏将伐颛臾章》《先进·季氏富于周公章》。不过，这就是"启""发"么？

孔子本人虽说过"不愤不启""不悱不发"，但他未必把它作为一条死板的规矩。丘也，圆活之至，注家、研究者往往不如夫子圆活：所谓孔子与人言，“必待其人心愤愤、口悱悱”而后启发为之说（郑玄）。这么一个“必”字还不够死板么？子绝四：“毋意、毋必、毋固、毋我。”（《论语·子罕》）何必使其“必”，何必使其“固”？

孔子授业的精义，在于关注“启”“发”“复”的火候（条件），不仅考虑弟子的“智力因素”，甚至更关顾“非智力因素”，尤其注意弟子的思想境界、行为倾向、“道”与“德”的水准，作为施教的出发点；固然施以“文、行、忠、信之教”，其实比这些更加强调的倒是弟子的“学”：“十室之邑，必有忠、信如丘者焉，不如丘之好学也”（《论语·公冶长》）；“不愤不启”是为了更有效的“启”，“不悱不发”是为了更有效的“发”。通常说“教是为了不教”，在孔子那里，形式上往往是“不教是为了教”。——这样的教，归根到底还是为了引导弟子自学、自我修养，最终达到“虽离师辅而不反也”（《礼记·学记》）。

五、今古势易话启发

孔子宣称：“不愤不启，不悱不发，举一隅不以三隅反，则不复也。”听起来像是针对弟子的“三不状态”，宣布教诲的“三不主义”。

这“三不主义”，看起来与后来卢梭倡导的消极教育，颇有异曲同工之妙。其积极意义倒也显而易见。因为他把“学”（或修身）看成是弟子的事情。弟子若要求得乃师“启”“发”“复”。自己就得从不愤到愤，从不悱到悱，从举一隅不能三隅反到举一反三。

那么，教师该怎样促成弟子发生这种转化呢？其实，这在孔子所处时代是一个伪问题。这种提法已经落入今人把学生"包下来"思维的俗套。在孔子所处时代，这不是他要解决的问题。只能说他平时对弟子的教导，或许间接有助于弟子发生这种转化。

人道启发是孔子教诲的基本原则。果真如此，那就对《论语》中孔子对其弟子何以发表那些言论，很难逐一解释了。怎能证明什么言论因什么"愤"才启，什么言论因什么"悱"而发呢？"原则"也者，无非是今人似乎代替孔子建构"教育思想体系"而采用的说法而已。

其实，"不愤不启，不悱不发"，不仅孔子如此，在他同时代别的什么"子"，什么"家"，也做得到。就是如今的凡夫俗子，做起来也容易之至。只要不是"唠叨"之辈，照这样去做，有何难哉？

问题是教学情境今非昔比。在我们这个时代，早就不允许教师这样做了。譬如，一个班级有45个学生。教师即使明知对某一课文有5个学生"愤"不出来，有10个学生"悱"不出来，有15个学生举一而不反三，还不得不"启"而又启，"发"而再发，没完没了地"复"下去。否则他们承担的教学任务怎能完成呢？

这样一来，新的难题就发生了：

1. 上课，或课业，岂不是成为主要是教师的事情了？

2. 如果教师不得不不愤而启，不悱而发，那么所启所发，又怎能成为“有效的教学”？

3. 治本的办法或许是由教师促进学生发生从不愤到愤、从不悱到悱的转化。然而教师做得到么？有什么条件足以保证教师做得到呢？

4. 由于无法治本，何妨治标。这就是用分数、考试、评比、竞赛、奖励、惩罚之类外在手段，促进学生去学，使其不得不学。然而这些饮鸩止渴的手段，只能促进学生上了这些“鸩”的瘾，也就更加不把敬德、修业看成是自己的事情。

鉴于这种情况愈演愈烈，如果把这种复杂问题简单化，势必更加促成对孔子启发艺术的向往。何况从民国初年开始，就把所谓“启发式教学”，作为同“注入式教学”针锋相对的概念（有“废止注入式”一说）。尽管那时所谓“启发式”只不过是向孔老先生借用“启”“发”两个单词，以便拉孔子这面大旗作虎皮，而同其原意并不相干。只是这么一来，也就把退路堵死了。谁不行“启发”之道，难道打算奉行“注入式”么？以致从那时起，教师讲解就蒙上了“注入式”阴影。就连讲课的教师本人也觉得理亏。问题是在现代，有哪所学校允许教师“跟孔子学当老师”，实行“不愤不启，不悱不发”呢？

第九章

为学与出仕

《论语》中有弟子问政、师—弟子之间议政以及孔子向执政者荐才之类记载，加上子夏有“仕而优则学，学则优则仕”（《论语·子张》）一说。人们或有理由认为子夏之言道出了孔子授业的旨趣。关于孔子授业是否以弟子出仕为旨趣，不妨以《论语》中传递的信息，作为讨论这个问题的依据。

一、对政事的关注

关于孔子与其弟子之间，涉及政事的言论，《论语》中传递的信息，大致包括：弟子问政，孔子对弟子从政意图及政治倾向的关注，以及弟子对乃师从政意图及政治倾向的关注。

（一）弟子对政事的关注

表9.1 《论语》中的弟子问政举隅

类　型	记　　　载	出　　处
弟子问政	子张学干禄。子曰："多闻阙疑，慎言其余，则寡尤；多见阙殆，慎行其余，则寡悔。言寡尤，行寡悔，禄在其中矣。"	《论语·为政》
	子张问政。子曰："居之无倦，行之以忠。"	《论语·颜渊》
	子贡问政。子曰："足食，足兵，民信之矣。"子贡曰："必不得已而去，于斯三者何先？"曰："去兵。"子贡曰："必不得已而去，于斯二者何先？"曰："去食。自古皆有死，民无信不立。"	《论语·颜渊》
	子路问政。子曰："先之劳之。"请益。曰："无倦。"	《论语·子路》
	子张问于孔子曰："何如斯可以从政矣？"子曰："尊五美，屏四恶，斯可以从政矣。"	《论语·尧曰》
	子适卫，冉有仆。子曰："庶矣哉！"冉有曰："既庶矣，又何加焉？"曰："富之。"曰："既富矣，又何加焉？"曰："教之。"	《论语·子路》
	颜渊问为邦。子曰："行夏之时，乘殷之辂，服周之冕，乐则《韶》《舞》。放郑声，远佞人。郑声淫，佞人殆。"	《论语·卫灵公》
弟子在任所问政	仲弓为季氏宰，问政。子曰："先有司，赦小过，举贤才。"曰："焉知贤才而举之？"子曰："举尔所知；尔所不知，人其舍诸？"	《论语·子路》
	子夏为莒父宰，问政。子曰："无欲速，无见小利。欲速，则不达；见小利，则大事不成。"	《论语·子路》

从弟子问政（见表9.1）中可见：

1. 弟子问政，或出于原有参政志趣，后有从政经历，如子路、冉有、仲弓；或出于了解政情，求为世用。其中子张“学干禄”，由于此人未尝出仕，尔后注家以为“学”为“问”之误论。几乎众口一词。此外，还有问“干禄”或为问《诗·旱麓》（其中提到干禄）一说。颜回之问大抵同此。

2. 从弟子在任所问政，可见孔子为其弟子终身之师。他在弟子任所解惑，亦可纳入其授业范围。

3. 孔子之答，是因势因人而异，由于均在仁政与君子之德这一情理之中，故对中国后世政事，未失规训的价值。

（二）孔子对某些弟子出仕的关注

表9.2　孔子对某些弟子出仕的关注举例

类　型	记　　载	出　处
问弟子志趣	颜渊季路侍。子曰：“盍各言尔志？”	《论语·公冶长》
	子路、曾皙、冉有、公西华侍坐。子曰：“以吾一日长乎尔，毋吾以也。居则曰：‘不吾知也！’如或知尔，则何以哉？”	《论语·先进》
问政情	子游为武城宰。子曰：“女得人焉耳乎？”曰：“有澹台灭明者，行不由径，非公事，未尝至于偃之室也。”	《论语·雍也》
	冉子退朝。子曰：“何晏也？”对曰：“有政。”子曰：“其事也。如有政，虽不吾以，吾其与闻之。”	《论语·子路》

从孔子对某些弟子出仕的关注（见表9.2）可知：

1. 他作为人师，有必要了解弟子的志趣。为了了解他们的真实想法，先打消他们的顾虑，他的提问不带有暗示性。

2. 孔子周游列国，原有出仕的打算。不过，他并不随俗浮沉，而对政事审慎地加以选择，即所谓“用之则行，舍之则藏”（《论语·述而》），“天下有道则见，无道则隐”（《论语·泰伯》）。故每到一地，都注重查问政情。

（三）弟子对乃师从政意图的关注

表9.3　孔门弟子对乃师从政意图的关注举例

类　型	记　　载	出　　处
当面请问	颜渊季路侍。子曰：“盍各言尔志？”子路曰：“愿车马衣轻裘与朋友共敝之而无憾。”颜渊曰：“愿无伐善，无施劳。”子路曰：“愿闻子之志。”子曰：“老者安之，朋友信之，少者怀之。”	《论语·公冶长》
	子路曰：“卫君待子而为政，子将奚先？”子曰：“必也正名乎！”	《论语·子路》
背后议论	子禽问于子贡曰：“夫子至于是邦也，必闻其政，求之与？抑与之与？”子贡曰：“夫子温、良、恭、俭、让以得之。夫子之求之也，其诸异乎人之求之与？”	《论语·学而》
	冉有曰：“夫子为卫君乎？”子贡曰：“诺；吾将问之。”	《论语·述而》

“由也喭”，当面直问乃师志趣，“赐也达”，善于观察乃师言行举止，揣摩夫子意向。不管出于好奇，还是出于乃师去从

同个人前程的关系，都反映他们同乃师过从甚密。

如果说他们师—弟子双方在品性上无可挑剔，那么涉及政治倾向，他们之间却发生过多次碰撞。

（四）师—弟子之间有关政事的争执

表9.4 《论语》中师—弟子之间有关政事的争执举例

类　型	记　　载	出　处
孔子对弟子政事倾向的批评	子路使子羔为费宰。子曰："贼夫人之子。"子路曰："有民人焉，有社稷焉，何必读书，然后为学？"子曰："是故恶夫佞者。"	《论语·先进》
	子曰："片言可以折狱者，其由也与？"子路无宿诺。	《论语·颜渊》
	季氏旅于泰山。子谓冉有曰："女弗能救与？"对曰："不能。"子曰："呜呼！曾谓泰山不如林放乎？"	《论语·八佾》
	季氏将伐颛臾。……孔子曰："求！无乃尔是过与？……"冉有曰："夫子欲之，吾二臣者皆不欲也。"	《论语·季氏》
弟子对乃师政事倾向的质疑	子见南子，子路不说。夫子矢之曰："予所否者，天厌之！天厌之！"	《论语·雍也》
	子之武城，闻弦歌之声。夫子莞尔而笑，曰："割鸡焉用牛刀？"子游对曰："昔者偃也闻诸夫子曰：'君子学道则爱人，小人学道则易使也。'"子曰："二三子！偃之言是也。前言戏之耳。"	《论语·阳货》

（续表）

类　型	记　　载	出　处
弟子对乃师政事倾向的质疑	公山弗扰以费畔，召，子欲往。子路不说，曰：“末之也，已，何必公山氏之之也？”子曰：“夫召我者，而岂徒哉？如有用我者，吾其为东周乎？”	《论语·阳货》
	佛肸召，子欲往。子路曰：“昔者由也闻诸夫子曰：‘亲于其身为不善者，君子不入也。’佛肸以中牟畔，子之往也，如之何？”子曰：“然，有是言也。不曰坚乎，磨而不磷；不曰白乎，涅而不缁。吾岂匏瓜也哉？焉能系而不食？”	《论语·阳货》

上述（见表9.4）师—弟子之间的政争表明，孔子从弟子从政中的不当举措或暧昧态度中，追究其不严守甚至有违从政之道；弟子即以乃师之道，还治其人之身。孔子或以“吾其为东周乎”自辩。然而，明代学者李贽却援引杨升庵之见，予以反驳：“言必为西周，不为东周也。”（李贽：《四书评》）可见，“吾岂瓠瓜也哉，焉能系而不食？”才是夫子心里打的“小算盘”。

然而，夫子毕竟不是追名逐利之徒。处于乱世，当着坐而论道时，“危邦不入，乱邦不居”，“天下有道则见，无道则隐”（《论语·泰伯》），显示其审时度势的明见。一旦机会来到，不免跃跃欲试。无非是“用之则行，舍之则藏”，遂动了闯危邦探乱邦的念头。不过，这个念头终究被其弟子化解了。然而，他在审视弟子的从政表现时，又不得不以堂堂正正的从政之道，指责他们的失职行为。

二、荐才

孔子弟子如子路、冉求、子贡、公西华，当时在鲁国或许已经小有名气，所以孔子在会晤鲁国有些当权的大夫时，他们免不了向孔子打听这些弟子的情况。或问他们的人品如何，或问他们参政的能耐如何，或问他们是否好学。孔子据实加以答复。且从同孟武伯的对话谈起。

孟武伯先后问孔子：子路、冉有、公西华“仁乎”。孔子一概回答“不知其仁”。孟武伯接着问他们从政的能力。值得注意的是，孔子大抵参照这几个弟子自我表述的志趣，加以回答。两者对照如表9.5所示。

表9.5 孔子对弟子的介绍与弟子表白对照表

弟子名字	弟子自我表白		孔子对孟武伯的回答	
	记载	出处	记载	出处
子路	千乘之国，摄乎大国之间，加之以师旅，因之以饥馑；由也为之，比及三年，可使有勇，且知方也。	《论语·先进》	由也，千乘之国，可使治其赋也，不知其仁也。	《论语·公冶长》
冉有	方六七十，如五六十，求也为之，比及三年，可使足民。如其礼乐，以俟君子。		求也，千室之邑，百乘之家，可使为之宰也，不知其仁也。	
公西华	宗庙之事，如会同，端章甫，愿为小相焉。		赤也，束带立于朝，可使与宾客言也，不知其仁也。	

孔子对弟子的介绍与弟子表白的一致之处，只在于他所认可的这几个弟子之长，而对他们原先的表白有所保留。

原先，当曾皙问乃师对这三个同学述志的看法时，孔子只淡然回答："亦各言其志也已矣！"而在向别人介绍时，却只介绍自己所认同的这三人之长，而避开子路"加之以师旅"之见和冉有"如其礼乐，以俟君子"一说。

明乎此，对于孔子回答季康子、季然子之问，也就可以理解。

季康子问："仲由可使从政也与？"孔子回答："由也果，于从政乎何有？"季康子又问："赐也可使从政也与？"回答是："求也艺，于从政乎何有？"（《论语·雍也》）表示他们从政有何不可？

季然子问："仲由、冉求可谓大臣与？"孔子回答：所谓"大臣"者，无非"以道事君，不可则止"。依此看来，他们二人"可谓具臣矣"，即具备这种资质。季然子接着又问："那么他们都能听从主子支使么？"孔子回答："弑父与君，亦不从也。"（《论语·先进》）

此外，季康子问起："弟子孰为好学？"孔子回答："有颜回者好学，不幸短命死矣！今也则亡。"（《论语·先进》）

三、关于出仕的实证与反证

明乎此，或许还有助于澄清对孔子授业的误解。

由于《论语》中有子夏"仕而优则学，学而优则仕"一说，引起后人对此说及孔子授业诸多猜测。仿佛子夏一语道出了孔子授业的纲领。故有必要根据已知事实材料，对孔子授业与弟子出仕的关系作出具体分析。

单就以上提出的情况而论，把弟子问政，说成是“学而优则仕”，弟子出仕后在其任所问政，算是“仕而优则学”，都未尝不可。不过，以上材料亦足以成为此说的反证。

谁都知道在孔门诸弟子中，冉有、子路以政事见长。然而，无论从孔子的为学之道还是从政之道看来，他们二人堪称“学而优”的学子么？子路认定，“有民人焉，有社稷焉，何必读书，然后为学”，冉有当面向乃师表示：“非不说子之道，力不足也。”（《论语·雍也》）在众同学中，几乎没有任何一个人比他们二位更明目张胆地表示对乃师为学之道的保留意见。他们二人在季氏门下任职的暧昧态度，更使乃师恼火，以致孔子扬言冉有“非吾徒也”。故以孔子的为学之道与从政之道衡量，这对师兄弟只能算是“学而不优则仕”。

在孔门诸弟子中，颜回堪称顶呱呱的学习模范。然而，据孔子对颜回所说，“用之则行，舍之则藏，唯我与尔有是夫”（《论语·述而》）。不过，事实上乃师一直挂念的是“用之则行”，而颜回则“舍之则藏”一直到死为止。这个颜回岂不成为“学而优不仕”的典型么？

自然，不必借如此“学而优不仕”“学而不优则仕”的特例，以偏概全，但也没有理由把“学而优则仕，仕而优则学”作为孔子授业的纲领。

明代学者李贽在评议子夏之见时，直称：“今人学未优则已仕矣。‘仕而优’如何肯学？”（李贽：《四书评》）看来“学而不优则仕”，古已有之。至于是否于今为烈，只能借用夫子的话说：“盖有之矣，我未之见也。”

其实，孔子授业以君子之教、礼乐之教为取向，岂不正是为了解决这个“学而不优则仕”的难题么？只是形势比人强，成效有限。

四、以君子之教为根本

单就以上所述而言，可见孔子授业同弟子出仕的关系相当密切，原不成为问题。因为在社会分工不发达的状态下，士为四民之首。无论就士人出息还是个人治世抱负而言，出仕都属士人值得的追求，但没有理由认定孔子授业以弟子出仕为唯一追求。

在孔子众多弟子中，出仕的弟子不在少数。如子路、仲弓、冉有先后为季氏宰，高柴为费宰，高柴、子游为武城宰，子夏为莒父宰，宓不齐、巫马施为单父宰，宰我为临淄大夫，子路、子贡、高柴曾仕卫，等等。其中子路因公死得很惨，宰我死得不光彩。

其实，在诸弟子中，备受乃师称赞的，倒是无意出仕或未能出仕的弟子，如颜回、闵子骞、曾皙等。

可见，问题的症结不在于弟子是否出仕，而在于弟子言行是否符合君子之道，出仕的弟子在政事中是否偏离仁政的追求。因为孔子授业为以礼乐为核心价值观念的君子之教。同出仕相关的授业，根植于君子之教。

然而，在其弟子中长于政事的子路、冉有、宰我从政中的倾向，恰恰证明孔子授业并不成功。自然，暂时不成功，既不表明这些弟子品行有亏，更不必由此而怀疑君子之教的价值。因为事业的成败，往往出于情势使然。

五、今古势易话“出仕”与“焉用稼”

说到这里，似有必要附带说明君子“焉用稼”问题。

无论在孔子所处时代，还是尔后农耕时代的历朝历代，“学而优则仕”，本无可厚非，难道“学而不优则仕”才合理么？问题在于因此而歧视稼穑，才为世人诟病。其实，夫子未必一般地歧视稼穑，无非是觉得那个时代的君子“焉用稼”而已。

《论语》提到，“樊迟请学稼”，“请学为圃”，孔子背后发了一通议论，称此人为“小人”。时至现代，每当论及孔子，往往难以忘记他的这一“污点”，至少对此难得一辩。问题在于樊迟“请学稼”“请学为圃”到底是怎么一回事？夫子的一番背后议论，该，还是不该？

《论语》此章原文是：

樊迟请学稼。子曰：“吾不如老农。”请学为圃。曰：“吾不如老圃。”

樊迟出。子曰：“小人哉，樊须也！上好礼，则民莫敢不敬；上好义，则民莫敢不服；上好信，则民莫敢不用情。夫如是，则四方之民襁负其子而至矣，焉用稼？”

（《论语·子路》）

关于此章，前人早已存疑：樊迟问稼、问圃，夫子即以“上好礼”等词为教，“何其针锋之不相对，所答非所问！”（程树德：《论语集释》）问题的关键在于樊迟所谓“学稼”“学为圃”，到底何意？关于这个问题，曾有几说。

（一）思以稼穑教民

清代毛奇龄《四书言》称，樊迟请学稼，朱鹿田曰：“莫是如后稷教民稼穑，思以稼穑治民否？”及观包咸旧注，[1]则曰迟将用稼以教民，则世亦原有见及者。据毛奇龄称：樊迟以为世好文治，民不信从，不如以本治之。

关于此解，问题在于明明是“请学稼”“请学为圃”，字面并未提及“教民”，持此议者认为古“学”字即“教”字，为教而学，故“教”亦名“学”。据此，遂成为樊迟“请教稼”，以便学稼以后“教民稼穑”。难道他真的不知道老夫子“四体不勤，五谷不分”么？

（二）思改换门庭，投靠农家

元代朱公迁《四书通旨》列樊迟请学稼于异端门，与许行同讥。此议已被纪昀《四库提要》否定。樊迟之请原无改投农

---

① 后汉包咸曾有《论语包氏章句》（《论语章句》）之作，已佚。唯马国翰《玉函山房辑佚书钞》中有辑本二卷。

家之意，孔子之答亦未涉及异端，可见此解不通。

（三）思读农书

《论语集释》一书编者程树德称，窃疑《汉书·艺文志》所载农家之书，均不知为何代人所作，班氏并述其源流："农家者流，出于农稷之官。及鄙者为之，以为无所事圣王，欲使君臣并耕，悖上下之序云云。"自认"如此一问一答，方可衔接"；所忽视的是，难道孔子连传授农书也"不如老农""不如老圃"么？未免把孔子看得过于谦虚了，况且夫子不致把思读农书者指为"小人"。

此外，清代刘宝楠还有一种奇突的解释："当春秋时，世卿持禄，废选举之务，贤者多不在位，无所得禄，故樊迟请夫子学稼学圃，盖讽子以隐也。"（刘宝楠：《论语正义》）尽管夫子常表退隐之意，劝其学稼学圃，未免过分。此解同下文锋芒所指更不投合。

以上诸解，同此章语境不尽契合。据此章语境，樊迟"请学稼""请学为圃"，不见得表示他要学当老农老圃，因为学当老农老圃，何须拜老孔为师？可能表示他想了解有关农圃之事（包括对农圃的看法）。他"请学稼"，碰壁以后，又"请学为圃"，表示他确实关注此类事情。至于他为什么要关注此类事情，他自己没有说，别人也就既无理由道他有"教民稼穑"的意念，也没有理由否定他存有此念的可能性。

孔子其实不耐烦回答樊迟提出的这种问题，故称"吾不如老农""吾不如老圃"，指其找错了对象。为什么不耐烦回答这种问题呢？因为他寄希望于弟子的是成为“君子儒”，不做“小人儒”。在他看来，只要上好礼、好义、好信，那就“焉用稼”。对于士人来说关注稼圃之事，能派得上什么用处？樊迟不关心“君子儒”应当关心的礼、义、信，却关心稼圃之事，故背后斥其为“小人”。

“樊迟请学稼”，未必出于谋利的动机。或许由于骤然提出这个孔子不可思议的问题，孔子未免失态，可能在“君子上达，小人下达”（《论语·宪问》）的意义上指其为“小人”。

在现代人看来，鄙视稼圃，为士大夫的偏见，而在两千多年以前，“君子儒”无须关注此类“鄙事”，实属理所当然。故“焉用稼”自然合乎当时的常理，夫子何错之有？

至于随着时代的变迁，仍有人鄙视稼圃，那是后人的问题，与孔子何干？如针对后人把老孔神圣化，人们才攻他的这个“软肋”，那依然是后人的问题。

第十章

师　表

孔子作为众多“门弟子”的“常师”，原是学无常师的突破。他虽未必以执教为业，有别于后世的业师，却以授业为自己的天职。他诲人不倦的精神、蕴涵其授业之道的案例，特别是以身作则的身教，足为后世人师的楷模，从而堪称学有常师时代“常师”的常师。

一、以授业为天职

孔子作为人师，常以“学而不厌，诲人不倦”自励，亦以此自慰。诲人不倦含义如何，孔子如何不倦地诲人？似清楚，也还值得探讨。

孔子自称：

子曰："默而识之，学而不厌，诲人不倦，何有于我哉？"

（《论语·述而》）

子曰："若圣与仁，则吾岂敢？抑为之不厌，诲人不倦，则可谓云尔已矣。"

（《论语·述而》）

正因为他有诲人不倦的精神，所以"自行束脩以上，吾未尝无诲焉"（《论语·述而》）。

孔子称："君子之道四，丘未能一焉。所求乎子，以事父，未能也；所求乎臣，以事君，未能也；所求乎弟，以事兄，未能也；所求乎朋友，先施之，未能也。"（《礼记·中庸》）固然是谦辞，究其行迹，此"四未能"，虽非出乎本意，倒也大致符合实情。表示他为了专心致志地授业，作出了多大的牺牲。他未提到的"第五道"：所求乎师，以事弟子，能也。

然而，孔子却常常担心自己不能胜任教诲之事。他有"四忧"："德之不修，学之不讲，闻义不能徙，不善不能改，是吾忧也。"（《论语·述而》）堪称忧道不忧贫的君子。以"学之不讲"为忧，正如李贽所说，知圣人之忧，便知圣人之乐（李贽：《四书评》）。

尽管他毕生孜孜不倦地学，滔滔不绝地诲，他仍不满足。晚年甚至还自责："吾有耻也，……幼不能强学，老无以教之，吾耻之。"（《荀子·宥坐》）

诲人不倦之"诲"，在《论语》中同"教"有别。《说文解字》注："诲，晓教也。"段玉裁注："晓教者，明晓而教之也。训以柔克，诲以刚克，《周书·无逸》‘胥训告，胥教诲’是也。晓之以破其晦，是曰诲。”

人类教育文明的早期，“上所施，下所效也”的“教”，尚未定型。教化，主要是间接的潜移默化的影响，而“诲”属言教，为直接施加影响的方式，故为“晓教”。孔子提到“吾与回言终日”（《论语·为政》），其诲人不倦之精神可见一斑。

孔子之诲，是在同弟子打成一片的情境中进行的：“吾无行而不与二三子者，是丘也。”（《论语·述而》）不仅如此，他还同弟子坦诚相见：“二三子以我为隐乎？吾无隐乎尔！”（《论语·述而》）这个表白已由其弟子陈亢通过侧面调查予以证实：

陈亢问于伯鱼曰：“子亦有异闻乎？”

对曰：“未也。尝独立，鲤趋而过庭。曰：‘学诗乎？’对曰：‘未也。’‘不学诗，无以言。’鲤退而学诗。他日，又独立，鲤趋而过庭。曰：‘学礼乎？’对曰：‘未也。’‘不学礼，无以立。’鲤退而学礼。闻斯二者。”

陈亢退而喜曰：“问一得三，闻诗，闻礼，又闻君子之远其子也。”

（《论语·季氏》）

孔子诲人的意念，愈老愈强烈：“君子有三思，而不可不思也。少而不学，长无能也；老而不教，死无思也；有而不施，穷无与也。是故君子少思长则学，老思死则教，有思穷则施也。”（《荀子·法行》）

夫子总是把“诲”同“学”联系在一起。“学”是“诲”的源泉。孔子学而不厌的精神，众所周知。值得一提的是，他曾说：“如垤而进，吾与之；如丘而止，吾已矣。”荀子提到这句名言，联系当时世道，不禁感慨系之：“今学曾未如疣赘，则具然欲为人师。”（《荀子·宥坐》）这就是说，现在有些人，所学到的东西还不如肉瘤，既少而又无用，却自以为堪做人师。

其实，孟子早就告诫：“人之患在好为人师。”（《孟子·离娄章句上》）明代李贽读到这里，感慨更深一层：“‘好为人师’，哪个去师他？”“今人‘好为人师’者，亦饥寒迫之耳。其胸中实是怕极，何敢言‘好’？”（李贽：《四书评》）

孔子为什么会对教诲弟子如此执着呢？用他自己的话说，便是：“爱之，能勿劳乎？忠焉，能勿诲乎？”（《论语·宪问》）表明他诲人不倦系出于对弟子由衷的关爱。

孔子弟子对乃师一往情深，以颜渊为最。正由于孔子对弟子情笃，当颜渊英年早逝时，孔子连声哀叫：“天丧予！天丧予！”子哭之恸，连在场的其他人亦为之动容：“子恸矣！”（《论语·先进》）弟子冉伯牛有疾，大概得的不治之症。孔子自牖执其手，哀叹：“亡之！命矣夫？斯人也而有斯疾也！斯人也而有斯疾也！”（《论语·雍也》）

孔子即使是对其弟子的某种行为表现不满，有时甚至出言不逊，无非是爱之深，恨之切。如子路使子羔为费宰，孔子斥其“贼夫人之子！”（《论语·先进》），是对误人子弟的行为不满。孔子对同他过从最密的弟子如子路、颜渊反而显得随便。

如子路在其身旁，“行行如也”，“子乐”。随口说：“若由也，不得其死然。”（《论语·先进》）似乎不近情理，实为“乐极之词”（李贽：《四书评》）子畏于匡，师徒失联。颜渊晚到，孔子突然冒出一句：“吾以女为死矣。”（《论语·先进》）似乎骂他，其实情急之际，可能担心其爱徒遭遇，蓦然重逢，不觉惊喜，这才发出如此“情急之词”（李贽：《四书评》）。颜渊也在情急之下，答以“子在，回何敢死？”甚妙。

颜渊对乃师以父视之，夫子心中有数，但他并不把颜渊当作儿子看待：“回也，视予犹父也，予不得视犹子也。非我也，夫二三子也。”（《论语·先进》）关于孔子为什么表示“不得视犹子也”？同对下文“夫二三子也”的理解相关。以往注家把这句话同对颜渊厚葬联系起来，其实，亦可解为：不是我对颜回薄情，我要对弟子一视同仁，不宜偏爱。杜成宪博士评注：除了对弟子一视同仁而外，或许同维护师—弟子名分相关。

其实，孔子对弟子的感情深于父子之情。从《季氏·陈亢问于伯鱼章》可知。陈亢通过向伯鱼（孔子之子）探听他们父子之间的谈话，意外地发现：“君子远其子也。”

这是一种什么样的人师精神？是一种至诚的精神，忘我的精神。“君子哉，若人；尚德哉，若人！”

二、身教

孔子深知：“其身正，不令而行，其身不正，虽令不从。”

“不能正其身，如正人何?”（《论语·子路》）这是他反复强调的从政之道。作为人师，为了正人，他先正己，以身作则，这便是身教。

如何把握孔子身教的要义呢?

由于孔子授业，立足于弟子学，故作为人师是否好学，如何治学，将对弟子求学态度发生影响。

孔子实施的为君子之教，着重以行为准则规范弟子的行为，又以礼乐规范行为准则之用，作为人师要使弟子信服君子之教，先得身体力行。

作为人师在授业中对待弟子的态度如何，也将影响其师—弟子关系的正常。

关于孔子身教，在《论语》记载中提供了什么佐证呢?

孔子一向谦虚，却没有必要讳言自己好学。《论语》中相关记载如表10.1所示：

表10.1 《论语》中关于孔子好学的记载

类　型	记　载	出　处
学以致其道	子曰：“古之学者为己，今之学者为人。”	《论语·宪问》
	子曰：“君子博学于文，约之以礼，亦可以弗畔矣夫！”	《论语·雍也》
为学之好	子曰：“十室之邑，必有忠信如丘者焉，不如丘之好学也。”	《论语·公冶长》
	子曰：“默而识之，学而不厌，诲人不倦，何有于我哉?”	《论语·述而》

（续表）

类　　型	记　　　　载	出　　处
为学之好	子曰："德之不修，学之不讲，闻义不能徙，不善不能改，是吾忧也。"	《论语·述而》
	子曰："我非生而知之者，好古，敏以求之者也。"	《论语·述而》
学无常师	子曰："三人行，必有我师焉：择其善者而从之，其不善者而改之。"	《论语·述而》
	子曰："盖有不知而作之者，我无是也。多闻，择其善者而从之；多见而识之；知之次也。"	《论语·述而》
自知之明	达巷党人曰："大哉孔子！博学而无所成名。"子闻之，谓门弟子曰："吾何执？执御乎？执射乎？吾执御矣。"	《论语·子罕》
	子曰："吾尝终日不食，终夜不寝，以思，无益，不如学也。"	《论语·卫灵公》

当有人问子贡"仲尼焉学？"子贡理直气壮地回答："文武之道，未坠于地，在人。贤者识其大者，不贤者识其小者，莫不有文武之道焉。夫子焉不学？而亦何常师之有？"（《论语·子张》）

公西华对于孔子学而不厌，深感自愧不如："正唯弟子不能学也。"（《论语·述而》）

尽管孔子自认"躬行君子，吾未之有得"（《论语·述而》）。其实他所表白的志趣和行为选择已经显示出其高尚的品格。其弟子关于其志趣与言行的记载可视为对夫子自道的验证（见表10.2、表10.3）。

表10.2 《论语》传递的夫子自道

类　型	记　　　　载	出　　处
志趣	颜渊季路侍。子曰："盍各言尔志？"子路曰："愿车马衣轻裘与朋友共敝之而无憾。"颜渊曰："愿无伐善，无施劳。"子路曰："愿闻子之志。"子曰："老者安之，朋友信之，少者怀之。"	《论语·公冶长》
安贫乐道	子曰："富与贵，是人之所欲也；不以其道得之，不处也。贫与贱，是人之所恶也；不以其道得之，不去也。君子去仁，恶乎成名？君子无终食之间违仁，造次必于是，颠沛必于是。"	《论语·里仁》
	子曰："饭疏食饮水，曲肱而枕之，乐亦在其中矣。不义而富且贵，于我如浮云。"	《论语·述而》
	叶公问孔子于子路，子路不对。子曰："女奚不曰，其为人也，发愤忘食，乐以忘忧，不知老之将至云尔。"	《论语·述而》
	子曰："德之不修，学之不讲，闻义不能徙，不善不能改，是吾忧也。"	《论语·述而》
	子曰："譬如为山，未成一篑，止，吾止也。譬如平地，虽覆一篑，进，吾往也。"	《论语·子罕》
一以贯之	子曰："参乎！吾道一以贯之。"曾子曰："唯。"子出，门人问曰："何谓也？"曾子曰："夫子之道，忠恕而已矣。"	《论语·里仁》
	子曰："赐也，女以予为多学而识之者与？"对曰："然，非与？"曰："非也，予一以贯之。"	《论语·卫灵公》
依礼而行	子曰："禘自既灌而往者，吾不欲观之矣。"	《论语·八佾》
	子贡欲去告朔之饩羊。子曰："赐也！尔爱其羊，我爱其礼。"	《论语·八佾》

（续表）

类型	记载	出处
依礼而行	子曰："巧言、令色、足恭，左丘明耻之，丘亦耻之。匿怨而友其人，左丘明耻之，丘亦耻之。"	《论语·公冶长》
	子曰："出则事公卿，入则事父兄，丧事不敢不勉，不为酒困，何有于我哉？"	《论语·子罕》
谦恭和顺	子曰："丘也幸，苟有过，人必知之。"	《论语·述而》
	子曰："吾有知乎哉？无知也。有鄙夫问于我，空空如也。我叩其两端而竭焉。"	《论语·子罕》
	子曰："君子道者三，我无能焉：仁者不忧，知者不惑，勇者不惧。"子贡曰："夫子自道也。"	《论语·宪问》

表10.3 《论语》中孔子弟子对乃师言行举止的描述

类别	记载	出处
夫子所安	子之燕居，申申如也，夭夭如也。	《论语·述而》
夫子所忌	子之所慎：齐，战，疾。	《论语·述而》
	子不语怪，力，乱，神。	《论语·述而》
	子罕言利与命与仁。	《论语·子罕》
	子绝四——毋意，毋必，毋固，毋我。	《论语·子罕》
夫子所为	子食于有丧者之侧，未尝饱也。	《论语·述而》
	子在齐闻《韶》，三月不知肉味，曰："不图为乐之至于斯也。"	《论语·述而》
	子钓而不纲，弋不射宿。	《论语·述而》
	子见齐衰者、冕衣裳者与瞽者，见之，虽少，必作；过之，必趋。	《论语·子罕》

孔子弟子曾参临死前称："鸟之将死，其鸣也哀；人之将死，其言也善。"他临终念念不忘的是："君子所贵乎道者三：动容貌，斯远暴慢矣；正颜色，斯近信矣；出辞气，斯远鄙倍矣！"（《论语·泰伯》）此肺腑之言，显见得儒家之徒何等重视仪表。

孔子素重仪表，其在官场仪容，《论语·乡党》所记甚详。日常仪表，一语以尽之："子温而厉，威而不猛，恭而安。"（《论语·述而》）唯关于《论语》此意文本，曾有争议。唐代陆德明《经典释文》提到，"子"，一本作"子曰"，并提到梁代皇侃《论语义疏》（原本）"子"作"君子"。清代翟灏《四书考异》援引《经典释文》所断，并指出今所见《论语义疏》脱漏"君"字，还提到皇侃曾据《子张·君子有三变章》称："所以前卷云'君子温而厉'也。"可为其脱漏之确证。如是，"温而厉，威而不猛，恭而安"，就非对孔子仪表的表述，而属孔子关于仪表的见解了。好在夫子一向注重言行一致，即使"温而厉"云云为夫子之见，仍不妨在孔子身上循名责实。

温而厉，属"正颜色"。子夏所谓"君子有三变：望之俨然，即之也温，听其言也厉"（《论语·子张》），可资参证。

孔子自称"色思温"（《论语·季氏》）。这才使弟子依其身旁无拘无束：闵子侍侧，訚訚如也，子路行行如也，冉有、子贡侃侃如也。氛围活泼、宽松，"子乐"。得意之余，居然冒出一句："若由也，不得其死然。"（《论语·先进》）开玩笑豁了边，"出辞气"或近于鄙，反而显得亲切。

子路、曾皙、冉有、公西华侍坐。孔子兴致勃勃地问："如或知尔，则何以哉？”命诸弟子言志，并于弟子作答前，先予交代：“以吾一日长乎尔，毋吾以也。”不必在长者面前心存顾忌。子路率先述志，不免大言不惭，“夫子哂之”；对公西华、冉有述怀，未置可否。最后问到年龄较长的曾皙，曾皙正在弹瑟，听了三位学友高论，似有愧意，勉强表示“异乎三子者之撰”，得到的是慰勉：“何伤乎？亦各言其志也。”曾皙顾虑冰释，遂坦然直陈：“莫春者，春服既成，冠者五六人，童子六七人，浴乎沂，风乎舞雩，咏而归。”先生不禁为之动容，喟然慨叹：“吾与点也。”老夫子也还洒脱。子路等三人离座后，曾皙探问夫子观感，得到的回答是：“亦各言其志也已矣。”（《论语·先进》）可见，“即之也温”，其言非虚。

然而，此公间或“其言也厉”。子路使子羔为费宰，受到直言不讳的批评：“贼夫人之子。”子路辩解一通，老先生怒不可遏：“是故恶夫佞者。”（《论语·先进》）难怪李贽于此评说：“仲尼于子路，每下毒手。”（李贽：《四书评》）言过其实。孔子甚至对其高足，也不留情面，子畏于匡，颜回迟到，孔子发火：“吾以女为死矣。”（《论语·先进》）或情急所致。

孔子出此“辞气”，正由于他同颜回、子路关系非比寻常。他曾把颜回引为同道：“用之则行，舍之则藏，惟我与尔有是夫。”（《论语·述而》）虽然颜回视其师犹如乃父，夫子的态度是：“回也，视予犹父也，予不得视犹子也。”于师—弟子关系，不滥用亲情。不过，孔子同弟子的亲近，实远甚于父子交往。所谓“君子之远其子也”（《论语·季氏》），便是明证。

孔子认定从政宜尊“五美”。其中之一，为“威而不猛”。

何谓“威而不猛”？有道是：“君子正其衣冠，尊其瞻视，俨然人望而畏之，斯不亦‘威而不猛’乎？”（《论语·尧曰》）即权威出于庄重。“君子不重则不威”（《论语·学而》），非以势压人。子夏所言“望之俨然”，此之谓也。

恭而安，属“动容貌”。老先生“貌思恭”（《论语·季氏》）。“居处恭”，属“仁”（《论语·子路》）。“行己也恭”，乃君子之道（《论语·公冶长》）。有若称：“恭近于礼，远耻辱也。”（《论语·学而》）

夫子思恭，要在表里如一：“巧言令色，足恭，左丘明耻之，丘亦耻之。”（《论语·公冶长》）“恭而安”，方为真恭。

孔子察人，“视其所以，观其所由，察其所安”（《论语·为政》）。依此法察此公之所以，观其所由，察其所安，可知：“食无求饱，居无求安，敏于事而慎于言，就有道而正焉；”（《论语·学而》）“富与贵，是人之所欲也，不以其道得之，不处也；贫与贱，是人之所恶也，不以其道得之，不去也。”（《论语·里仁》）此公“居无求安”，安于其道；不讳言富与贵，唯求“以其道得之”，并不矫情。

总而言之，孔子教态倒也自然，非拿腔拿调、道貌岸然的庸儒可比。“温而厉，威而不猛，恭而安”，中庸、平和之态可掬。此中分寸，似难掌握。其实，夫子能爱人，能恶人，所爱、所恶，都不偏激。乐则笑，愤则骂，虽间或失态，一般尚称得体。“丘也”，非如后世儒家所描绘的那样道貌岸然。“率性之谓道”，老夫子不失洒脱。唯其如此，师—弟子之交，至为和谐。

孔子讲究中庸之道：“中庸之为德也，其至矣乎？”（《论语·雍也》）深明过犹不及之理。“温而厉，威而不猛，恭而安”，他追求的正是人格的中庸。

三、今古势易话“人师”

近代以来，教师日趋职业化，学有常师早成定局，师道不免随之变化。

古代学无常师，学子求师不易。“夫子之墙数仞，不得其门而入……得其门者或寡矣。”（《论语·子张》）原喻孔子之贤，后人借以说明求师之难：“未得及门，曰宫墙外望；称得秘授，曰衣钵真传。”（《幼学琼林·师生》）在现代，因学有常师，教师不求自在（名落孙山者例外），“求师”意识淡化，而代之以教师反求学生学习。古代的佳话，如“负笈千里，苏章从师之殷；立雪程门，游杨敬师之至”（《幼学琼林·师生》），一去不复返了。

近代以来，“知”从以知人为主，转为以书本知识（文字符号）为主。所学转移，择师的标准亦随之转移。

就“常师”而论，在现代，“温故而知新”固然“可以为师矣”，温故而不知新，未必不可以为师。

古代名师，或使弟子“如坐春风之中”。在现代“仰沾时雨之化”，早已化为弟子的谀辞。

在现代，既然有了“常师”，似乎也就无须在“常师”以外求师。“三人行，必有我师焉”，虽属至理名言，很难化为自觉的追求。

看来随着人类学习条件优化，人类求师意识反而弱化了。

这不是今不如昔么？今古势易耳！今人已经并还将实现古代梦想不到的教育目标，而古人实现其狭窄目标的那种相对优越的条件，也属今人面前难以再现的境况。

四、博学的孔子“无以成名”别解

战国至秦汉年间的学者杂录中有许多关于孔子的传说。其中“博学的孔子无所成名”和“夫子之门何其杂也”，反映那时的孔子印象。其含义有待分辨。

（一）“成名”诸解

《论语·子罕》载，达巷党人称：“大哉孔子，博学而无所成名。”从其语气看来，这好像是当时有识之士因孔子境遇而发出世道不公的感慨。不过，前人对所谓“无所成名”别有所解。

1.“艺名”解

关于“无所成名”，郑玄解为“此党人之美孔子博学，道艺不成一名也”。朱熹据以在“博”与“专”对举意义上，解为“博学无所成名，盖美其所学之博，而惜其不成一艺之名也”。问题在于无论当时，还是后世，究竟“博学”名重，还是以“一艺之名”为重呢？孔子博学即堪称“大哉”，不成“一艺之名”，何足惜哉？故前辈儒家对“惜其不成一艺之名”，鲜有同感，也就不足为怪。

2.“无能名之”解

于是，便有学者对此另作解说。如清代焦循，援引《论语·泰伯》中所谓“大哉尧之为君也，巍巍乎，唯天为大，唯尧则之。荡荡乎，民无能名焉”，说明“无所成名”，即“民无能名”之意。表示孔子博学达到一般人无能名之的程度。王元化大体上也持此见。[①]且不说孔子这个人是否“成名”，同别人对孔子之学能否名之，并不是一回事，何况“博学”岂不正是一般人对孔子学问的“名之”么？故对“无所成名”一语何所指，仍需斟酌。

3.“谦称”解

解说孔子“无所成名”的依据，自然莫过于孔子对此说的反映。据载孔子听到这种议论，当即对其弟子说：“吾何执？执御乎？执射乎？吾执御矣。”（《论语·子罕》）由此不免又引起对如此反映解说的争议。

郑玄称，孔子“闻人美之，承以谦也”。朱熹则认定：射御皆为一艺。“言欲使我何所执以成名乎？然则吾将执御矣。”如此解说，未免牵强。自古以来，谁会相信堂堂的孔夫子，竟可能萌发以执御成名的意图呢？设身处地，老夫子乍闻如此议论，自然不无所感。闻人美之，虽不免“承以谦也”，而故意自称“吾执御矣”，自然意在言外。他何尝甘心以“执御”了此一生呢？

4.“不仕”解

唯其如此，近代学者王闿运则把孔子之说解为“惜其不仕，仅传博学之名”。并据以把孔子的心意解为：“吾何执？言人不

① 王元化.思辨随笔［M］.上海：上海文艺出版社，1994：68-69.

用吾，非吾不仕。大夫有马，其子曰能御未能御。执御，即复仕也。”（王闿运：《论语训》）其中“执御即复仕”，或为过度引申，而“惜其不仕”，不无道理。

所谓“成名”之“名”，如指身份、地位、名分，“无所成名”即为功不成名不就之意。虽有博学，名气大哉，却怀才不遇，怎不感慨系之！

其实，“博学而无所成名”，正是孔子一生成就和境况的写照。博学的孔子，志在恢复周代礼治，可惜时运不佳，机会难得。周游列国，到处都不见用，以致“累累若丧家之狗”。遭遇如此结局，自然不无感慨。如果说“吾执御矣”，不过是苦涩的自我解嘲，那么在尔后的传闻中，却透露出在不公的世道中，无可奈何的人生感悟。

（二）不遇时所致

紧随孔子的子路，目睹乃师怀才不遇，颇为不解，而乃师经历坎坷，早已看破世事。故在厄于陈蔡之际，针对子路的困惑，一迭连声地反问：“你以为知者必定会被重用吗？从比干剖心可知；你以为忠者必定会被重用吗？从龙逢被杀可知；你以为谏者必被重用吗？从伍子胥陈尸示众可知。”“夫遇不遇者，时也，贤不肖者，材也。君子博学深谋不遇时者多矣。由是观之，不遇世者众矣。何独丘也哉？”重要的是孔子不仅是有识之士，更是有志之士。故不致因无所成名而自暴自弃，却以“居不隐者思不远，身不佚者志不广”自励(《荀子·宥坐》)。

孔子从自身的经历中，懂得扩大自己的影响有赖于外力的支持。他说，自从季孙赐给我千钟粮食，而友益亲，自从南宫顷叔乘我车，而道加行。“故道有时而后重，有势而后行”，若非他们厚赐，“丘之道几于废也”（《说苑·杂言》）。可惜如此机会犹如昙花一现，而夫子又非“有奶就是娘”的角色。

孔子正由于深知权势者助力的重要，故当他坐而论道时，亦审时度势。有道是“危邦不入，乱邦不居”，“天下有道则见，无道则隐”（《论语·泰伯》）。一旦机会来到，似乎又不再计较其邦安危治乱，禁不住跃跃欲试。无非是“舍之则藏”，“用之则行”（《论语·述而》）。故忽闻佛肸召唤，便开始心动。不料子路动问：你先前不是说过“亲于其身为不善者，君子不入也”，不免使其尴尬。只得说以前是这么说过，不过，“吾岂瓠瓜也哉，焉能系而不食？”（《论语·阳货》）

又如孔子在投靠季孙时，引起非议，使他难以自解，只得说：“龙食乎清而游乎清，螭食乎清而游乎浊，鱼食乎浊而游乎浊。”“今丘上不及龙，下不若鱼，丘其螭邪！”（《吕氏春秋·离俗览·举难》）螭者，传说中的无角龙是也。

孔子何尝不想“食乎清而游乎清”，他是迫不得已才降格以求，充当螭的角色，实由于他不甘心毕生抱负化为泡影，得来不易的学识失传。目击礼坏乐崩，世风日下，随着年事渐长，心事日重。他有感于“今之君子，惟士与大夫之言之闻也。其至于君子之言者，甚希矣。”不免哀叹：“吾主言其不出而死乎？”（《大戴礼记·主言》）直到临死前七天，还对子贡说：“夫明王不兴，而天下其孰能宗予，予殆将死也。”（《礼记·檀弓上》）看来他死不瞑目。如按照郑玄、朱熹、焦循以至王元化所解，夫子焉有如此感慨！

博学的孔子究竟为何“无所成名”？这首先是孔子及其弟子关注的问题。

为此，孔子曾问子路：“吾道非邪？吾何以如此？”子路认为这是不是由于我们所谓“仁”道，还不足以令人相信，我们所知还不足以使人依此行事？夫子不以为然。他反问子路：是这回事吗？如果仁者必信，伯夷、叔齐怎会有那样的结局？如果知者必行，比干怎会落得那样的下场？

接着，又以同样问题问子贡。子贡认为“夫子之道至大也，故天下莫能容夫子”。建议夫子“少贬焉”。孔子对此见也不苟同。在他看来，“君子能修其道，纲而纪之，统而理之，而不能为容”。表明君子不必迎合世俗。如果不修其道而求为容，只能证明“志不远矣”。

接着，再以同样问题问颜回。颜回虽作出与子贡同样的回答，也认定“夫子之道至大也，故天下莫能容”。但对这种现象的价值判断与子贡迥然不同。他认为天下莫能容夫子之道，不但不是夫子之道的过错，如此现象正显示出夫子的“君子”本色。其实，道既大修而不用，“是有国者之丑也”（《史记·孔子世家》）。

如若认定《孔子世家》中如此问对近于史实，更证明朱熹、焦循之类解释，同“无所成名”原意不甚相干。上述三种答案中，子路把问题归结为夫子之仁尚不足信，夫子之知尚不便行，实由于他对世道尚未看透；子贡认为夫子调子过高，难以普遍地被人接受，或同他自己其志不远相关；颜回则认定问题的症结，不在夫子之道本身，而在于当权者昏庸。这才说到了乃师的心坎上。

师生如此问对表明：孔子并不承认“吾道非也”。他向弟子发出如此提问，似出于对其道失传的忧思，即担心弟子因自己“何以如此”而对其道的信仰发生动摇。

或许为了使自己及其弟子以平常心看待“无所成名”现象，他才一再声称：“不患人之不己知，患不知人也”（《论语·学而》），“人不知而不愠，不亦君子乎？”（《论语·学而》）“不患无位，患所以立。不患莫已知，求为可知也。”（《论语·里仁》）正是出于自信，才于逆势中，不失君子本色。孔子虽有充分理由坚持其道，而博学的孔子“无所成名”，确也是事出有因。颜回的解释仍不足以使世人尽信。关于孔子之道何以不为天下所容，和孔子同时代的晏婴，对此另有所见。

（三）不识时务使然

孔子在齐国时，齐景公曾打算把“尔稽”（或称尼溪）地方分封给他。晏婴表示“不可”。他对孔子的主张和为人，多所指谪。其中虽或有不实之词，而他把孔子的礼乐主张，放在时代变化的背景上分析，却道出了孔子之道不为时代所容的缘由。依他所见，自从先贤过世，周王室日趋衰微以来，威仪加多，而民行滋落，声乐繁充，而世德滋衰。在此背景下：“今孔丘盛声乐以侈世，饰弦歌鼓舞以聚徒，繁登降之礼以示仪［原缺，据《墨子》补］，趋翔之节以观众。博学不可以仪世，劳思不可以补民……其道也，不可以示世，其教也，不可以导民。”（《晏

子春秋·外篇第八》）

如果说在春秋以至战国那样的乱世，礼坏乐崩已成大势所趋，故晏婴有理由把过时的礼乐之规视为孔丘无以成名的缘由，那么我国在大一统成为定局之后，孔子倒恰恰以此类繁文缛节而大红大紫，从而使博学的孔子"无所成名"几乎成为伪问题。这便是朱熹、焦循"无所成名"别解出笼的背景。

以上引自战国至两汉间的传闻，虽不足以成为信史，而那个时代孔子"天下莫能容"的印象，倒不失为观察世道的明鉴。

孔子在世时到底"成名"与否，后人原不必深究。然而正如孔子（或许是战国至西汉间的有识之士）早就觉察，博学而不遇世者，"众矣！何独丘也哉？"事实上"智者""仁者"甚至"忠者"，不被重用，反遭厄运，历来如此，至今仍屡见不鲜。可见博学而无所成名，又是任何时代都不容忽视的现象。

有道是："今有其人，不遇其时，虽贤，其能行乎？若遇其时，何难之有？故君子博学深谋，修身端行，以俟其时。"（《荀子·宥坐》）每个学者时运不同，在所难免。即使流年不顺，果如先贤，此言此行，矢志不渝，不亦君子乎！

外篇

孔子登东山而小鲁，登泰山而小天下。故观于海者难为水，游于圣人之门者难为言……君子之志于道也，不成章不达。

——《孟子·尽心章句上》

其言有类，其行有礼，其举事无悔，其持险应变曲当，与时迁徙，与世偃仰，千举万变，其道一也。是大儒之稽也。……通则一天下，穷则独立贵名，天不能死，地不能埋，……仲尼、子弓是也。

——《荀子·儒效》

孔子教人常俯就，不俯就则门人不亲。孟子教人常高致，不高致则门人（一作道）不尊。

古之学者，优柔厌饫，有先后次序。今之学者，却只做一场话说，务高而已。

假如人言孔子为圣人，也须直待己实见圣处，方可信。

——程颐：《入关语录》

第十一章

孔门弟子传说

战国至秦汉年间，学者多有孔门弟子传说。如孔门何其杂也，孔门弟子有多少，有若之言似夫子。真假莫辨，对了解孔门之学、孔门之教，不无参考价值。

一、孔门何其杂也

在《荀子·法行》《尚书大传·略说》和《说苑·杂言》中，都有“夫子之门何其杂也”之议。这三种传闻，讲的是同一个故事。其中的叙述，大同小异。[①]问题在于孔门之杂何所指？

通常论定孔门之杂，专指孔门弟子出身之杂。且以若干弟

① 这三篇著作，都在汉儒杂说之列。其中，据梁启超所断，《法行》为《荀子》一书中的伪作。《尚书大传》，旧说为西汉伏生所著。据考，或为伏生弟子张生、欧阳生或其再传弟子所作。三者中，《说苑·杂言》所记，既包括前两者所有，又有前两者所无。故以《说苑·杂言》为据。

子出身贫贱，为“有教无类”佐证。且不说有教无类之“教”，在当时何所指，是指治者“教化”之教，还是私学授业之教？这个问题本身又直接涉及“夫子之门”何所指？即究竟是指出入孔府门第的人员之杂，还是专指孔氏弟子出身之杂？鉴于这个问题事关对孔子业迹的印象，故有分辨的必要，至于对这个问题凭什么进行分辨，其实较为可靠的依据，还是这个传说中的当事人子贡答辩中提供的线索。

且从《说苑·杂言》中的传闻谈起。

（一）孔门杂与非杂

据载，东郭子惠问子贡：“夫子之门何其杂也？”子贡称：“夫子修道以俟天下，来者不止，是以杂也。”①正如“檃栝［正木器］之旁多枉木，良医之门多疾人，砥砺之旁多顽钝”。

东郭子惠对于堂堂的孔门竟然如此之杂，似乎觉得过分，不免费解，又不无惋惜。子贡这才以“夫子修道以俟天下”作答。表示不管人来人往，多么庞杂，夫子本色未变，不可能与来人同流合污。故孔门之杂，无损其纯正。

在此语境中，“杂”是贬义词。东郭子惠如果像今人那样，把孔门之杂，当成普及教育的源头，也就不致质疑。子贡如把孔门之杂，视为孔门弟子出身之杂，那么他以“疾人”“枉木”（不规则之木）和“顽钝”作比，岂不是对其同门学友大大的不恭？

① 《荀子·法行》：“君子正身以俟，欲来者不拒，欲去者不止。”

在子贡看来，孔门"譬之宫墙"。"夫子之墙数仞，不得其门而入"，"得其门者或寡矣。"(《论语·子张》)，虽就乃师博学而言，或为溢美之辞，从中亦可看出，就孔子私学而言，入孔门并非易事。在学问和德行上，登其堂，入其室，更难之又难。夫子之门焉杂？

再说，东郭子惠所谓孔门之杂，若果真指其入门弟子之杂，倒不失为一种见识。因为就连孔子心目中，其弟子也参差不齐。不讲别的，就连有人问及同他接近的弟子，如子路、冉求、公西华"仁乎"？也都连声回答"不知其仁也"(《论语·公冶长》)。然而，在《史记》中，早就论定"孔子以诗书礼乐教，弟子盖三千焉，身通六艺者七十有二人"(《史记·孔子世家》)，七十七弟子"皆异能之士也"(《史记·仲尼弟子列传》)，且不说如此判断溢美成分如何，至少表明时至汉代，东郭子惠之辈不大可能对孔门弟子之杂表示异议。

（二）另眼看待孔门之杂

关于孔门之杂，如果不以有教无类为先入之见，那就不妨进一步考虑，孔门之杂，不仅由于各色人等向他求教，他或许更有求于人。因为他有别于后世的教书先生，而"修道以俟天下"。胸怀光复周礼大志，却投靠无门，对于"君子疾没世而名不称焉"(《论语·卫灵公》)深有所感。早就从切身经历中体会到，欲大行其道，少不得借势造势。

《说苑·杂言》中另有一传闻。虽不见得可信，对于了解汉代学者的孔子印象，倒也不无参考价值。据载，孔子自叹："自季孙赐我千钟而友益亲，自南宫顷叔之乘我车也，而道加行，故道有时而后重，有势而后行。”假设没有他们的厚赐，“丘之道几于废也”。可见，求得孔门之杂，倒也不是坏事。

其实，就连孔门弟子之杂，恐怕同夫子如此境况也不无干系。“丘也”，毕竟岂是如今某些学者心目中的教书先生而已。

二、孔门弟子知多少

孔子私学，人道是“贤人七十，弟子三千”，而七十余贤人又都属“身通六艺”的“异能之士”，真是了不起。且不说那种个别施教的情境，就在如今这种成批“生产”学生的格局中，一名教师拥有这么多学生谈何容易？以一人之身造就出那么多“异能之士”，更是奇迹。唯前人对此数字不免存疑。①即使信而不疑，又会发生问题：这位夫子究竟如何造就出这么多杰出人才？其实，从孔子弟子及再传弟子传出的《论语》中，似乎很难寻觅“弟子三千”的暗示，从中或许倒传递某些与此相反的暗示。

孔门弟子知多少？委实是个谜。且从“弟子三千”的出典谈起。

① 胡适对《史记·仲尼弟子列传》表示怀疑：“我以为这一篇多不可靠。篇中说‘弟子籍出孔氏古文近是’，这话含混可疑。这篇中把澹台灭明、公伯寮都算作孔子的弟子，更可见是后人杂凑成的。况且篇中但详于各人的姓字、年岁，却不记各人所传的学说。即使这七十七人都是真的，也毫无价值，算不得哲学史的材料。”“《史记》说他的弟子有三千之多，这话虽不知真假，但是，他教学几十年，周游几十国，他的弟子必定不少。”（胡适.中国哲学史大纲［M］.影印本.北京：商务印书馆，1987：123，71.）

（一）出典

表11.1 “贤人七十，弟子三千”的出典

时期	代表人物	表述	出处
战国	孟子（约公元前372—公元前289）	以德服人者，中心悦而诚服也，如七十子之服孔子也。	《孟子·公孙丑章句上》
	韩非子（约公元前280—公元前233）	仲尼，天下圣人也，修行明道以游海内，海内悦其仁，美其义，而为服役者七十人。	《韩非子·五蠹》
	吕不韦（？—公元前235）	孔子……委质为弟子者三千人，达徒七十人。	《吕氏春秋·遇合》
西汉	刘安（淮南王，公元前198—公元前122）	孔子弟子七十，养徒三千人。皆入孝出悌，言为文章，行为仪表，教之所成也。	《淮南子·泰族训》
	司马迁（约公元前145或公元前135—？）	孔子以诗书礼乐教，弟子盖三千焉，身通六艺者七十有二人。	《史记·孔子世家》
		孔子曰：“受业身通者七十有七人。”皆异能之士也。	《史记·仲尼弟子列传》

表11.1表明：

1. 根据现有资料，“七十子”之说，始于孟子，而孟子比孔子晚生约180年，韩非更比孔子晚生约270年。他们都未交代作出事实判断的依据。

2. “弟子三千”之数，始出于《吕氏春秋》（又名《吕览》）。

尔后，《淮南子》《史记》，或引自《吕览》，或另有所本。唯司马迁晚生于孔子约四个世纪，不知何据？

3. 关于“七十子”“三千徒”同孔子的关系，特别是“七十子”的表现，说法不一。“七十子”从对孔子心悦诚服的弟子、“服役者”到“达徒”，以至“身通六艺者”“异能之士”。可以说，自《吕览》而后，逐步加码，通常以加码最大者为断案。

4. 从《史记》援引的孔子之说可知，据传“七十子”一说出自孔子。证明孟子、韩非之说原有所本。只是司马迁把孔子所谓“受业身通者”称为“皆异能之士也”。况且只是从《论语》记载的孔子对其弟子的评价中，似还难以证明他断定其弟子皆为“受业身通者”。

中国几千年中难得出现一位像孔子那样伟大的教育家，而《史记》较为可信。一般对《史记》所肯定的“贤人七十，弟子三千”之数，宁可信其有，不必指其无，如此而已！然而，这是史笔么？

其实，且不说在当时三千之数无法统计，就是“七十子”，经司马迁苦心搜求，所知姓氏，可靠与不可靠者加在一起，尚不足半数：“三十五人，显有年名及受业闻见于书传。其四十有二人，无年及不见书传。”① （《史记·仲尼弟子列传》）

① 崔述：“《世家》云：‘孔子以诗书礼乐教，弟子盖三千焉，身通六艺者七十有二人。余按：孟子但云‘七十子’，则是孔子之门人止七十子也。孔子弟子安能三千之多？必后人之奢言之也。且汉人所称‘六艺’，即今《六经》，非《周官》‘礼、乐、射、御、书、数之六艺也’。孔子晚年始作《春秋》，而《易》道深远，圣人亦不轻以示人，其言未足信，今不取。”（崔述.洙泗考信录［M］//顾颉刚，编订.崔东壁遗书.上海：上海古籍出版社，1983：321.）

在孔子所处时代，学无常师，师—弟子关系尚未完全定型。即使在私学出现以后，师—弟子关系也不很确定。严格意义上的弟子，实难统计，也未必有人去做这种统计。像孔子那样的饱学之士，往往持“天下有道则见，无道则隐”（《论语·泰伯》），“用之则行，舍之则藏”（《论语·述而》）的姿态，隐焉、藏焉，或聚徒讲学。即使聚徒讲学，心中总不免另有牵挂：“沽之哉，沽之哉，我待贾者也。”（《论语·子罕》）“吾岂匏瓜也哉，焉能系而不食？”（《论语·阳货》）这不奇怪，因那时还不存在所谓“专业思想”问题。

孔子专心致志地授业，大致在42—50岁、68—73岁，《史记·孔子世家》有“故所居堂，弟子内”一说，能够同时接纳的弟子，终究有限。聚在杏坛下聆听教诲的弟子，也不致太多。孔子在鲁或周游列国时，随时随地都可能接纳弟子。此外，私淑弟子或不在少数，只是无法统计。“弟子三千”一说，毛估估而已。入室弟子与私淑弟子的界限，也未必分明。

（二）《论语》传递的弟子信息

《论语》为孔子弟子及再传弟子关于孔子言行的记录。其弟子可算是孔子授业的见证人。故《论语》较之尔后几个世纪中关于他的传言或更为可靠。关于孔子弟子知多少，《论语》传递了什么信息呢？

孔子在世时，已经有了不大不小的名气。他周游列国经常受到礼貌接待，有时却又相当尴尬，便是证明。所谓“大哉孔子，博学而无所成名”（《论语·子罕》），一语道出了他的境况。

唯其如此，向他求教的人必定不在少数。

本来，且不说学无常师的时代，即使到了现代，有学问或并无多大学问的人，如果有人路遇或上门讨教，一般也会据理指点。成人之美，原是君子的美德。何况是标榜“自行束脩以上，吾未尝无诲焉”（《论语·述而》）的孔子。

依照常理、常情，凡是得到过谁的指教，都得尊其为师，或谦称弟子。何况孔子是个名人。问题在于孔子所处时代，在普遍存在学无常师的状态中，是否已经出现入室弟子的现象呢？根据《论语》中所传递的信息，大致可以得到肯定的回答（见表11.2）。

表11.2 《论语》传递的弟子信息

相关概念	记　　载	出　处
门（“门弟子”“及门”“门人小子”）	达巷党人曰：“大哉孔子！博学而无所成名。”子闻之，谓门弟子曰：“吾何执？执御乎？执射乎？吾执御矣。”	《论语·子罕》
	子曰：“从我于陈蔡者，皆不及门也。”	《论语·先进》
	子游曰：“子夏之门人小子，当洒扫应对进退，则可矣，抑末也。本之则无，如之何？”	《论语·子张》
徒（“吾徒”“鲁孔丘之徒”）	季氏富于周公，而求也为之聚敛而附益之。子曰：“非吾徒也。小子鸣鼓而攻之，可也。”	《论语·先进》
	桀溺曰：“子为谁？”曰：“为仲由。”曰：“是鲁孔丘之徒与？”对曰：“然。”	《论语·微子》

且不说“弟子三千”的根据如何，关于孔子入室弟子几何，《论语》传递的信息为：

1. 孔门弟子虽然至少有七十之多，唯孔子在与弟子交往中，口头禅都是“二三子”。共提到五次（《论语·述而》《论语·子罕》《论语·先进》《论语·阳货》，其中有一章提到两次）。

《论语》记载的师—弟子问对情境，参与对话的弟子，一般为一、二、三人，参与者最多的，为弟子四人（《先进·闵子侍侧章》《先进·子路等侍坐章》），是迄今仅见的两例。可见以“二三子”为口头禅，非属偶然。

2. 孔子常常偕弟子游学，周游列国，少不得自荐（《学而·子禽问于子贡章》），亦常向执政者推荐弟子。这种场面也限于“二三子”（《论语·公冶长》《论语·先进》《论语·雍也》），或稍多一些。楚令尹子西对楚昭王提到孔子弟子，也只有四人（《史记·孔子世家》），并且在不同场合重复推荐的，只是子路、冉有、子贡，间或提到公西华，或已故的颜渊。不过，并未把这些弟子看成是“身通六艺”的“智能之士”。足见夫子作为“推荐者”何等持重。

3. 孔子慨叹“从我于陈蔡者，皆不及门也”（《论语·先进》）。随夫子过陈蔡者，究竟有多少弟子？后人或把《先进·德行章》同此章联结为一章，也就指实同游陈蔡的弟子共十人。唯有识者早就注意到，《先进·德行章》所列弟子皆称字，证明此章非孔子言论。[1]陈蔡之行，可确证的随行弟子，只有颜回、

① 孔子按规矩对弟子称名不称字。如颜回字子渊，仲由字子路，孔子分别称他们为“回”“由”，《先进·德行章》记为颜渊、子路。

子路。在《孔子世家》中，还提到宰予、子贡。不过，也没有理由排除十弟子中未确证者未随行。

或称孔子周游列国，两马一车，风尘仆仆十三年。[①]据考，春秋之际，御车驾二马为骈。当时车舆依制只容三人，皆立乘。尊者在左，御者居中，陪乘者（称为骖乘）居右（兵车有别）。[②]况且孔子连立乘都有许多讲究。[③]故不致越礼多搭陪乘者。或许弟子另有车舆，也未可知。由此看来，在周游列国时，随行弟子人数受到限制。

《论语》提到孔门弟子约26人（有争议）。各弟子出现的次数统计如表11.3所示：

表11.3 《论语》提到的孔门各弟子出现次数统计

姓名	出现次数	姓名	出现次数	姓名	出现次数	姓名	出现次数
子路	42	子游	8	南容	3	曾点	1
子贡	38	仲弓	7	司马牛	3	颜路	1
颜回	21	樊迟	6	子禽	3	公冶长	1
子夏	21	宰我	5	原宪	2	巫马期	1
子张	18	公西华	5	子羔	2	申枨	1

① 陈青之.中国教育史［M］.3版.北京：商务印书馆，1946：49.

② 王力.古代汉语：第3册［M］.2版.北京：中华书局，1989：988-991.

③ 如“升车，必正立，执绥”(《论语·乡党》);“立则见其参于前也，在舆则见其倚于衡也，夫然后行”(《论语·卫灵公》)。

（续表）

姓名	出现次数	姓名	出现次数	姓名	出现次数	姓名	出现次数
冉求	16	闵子骞	5	冉伯牛	2	漆雕开	1
曾参	15	有若	4	子羽	1	宓不齐	1

（三）《论语》传递的弟子能耐信息

关于孔子弟子能耐多大，品性如何，事关孔子授业的成效。唯前人对此说法不尽一致。韩非提到，为孔子“服役者七十人”，又从法家立场出发，在“但书”后面做文章：“盖贵仁者寡，能义者难也。故以天下之大，而为服役者七十人，而仁义者一人。”（《韩非子·五蠹》）反之，吕不韦提到孔子“达徒七十人”，并称“七十人者，万乘之主得一人用可为师，不为无人，以此游仅至于鲁司寇。此天子之所以时绝也，诸侯之所以大乱也”（《吕氏春秋·遇合》），故后人一般只信《史记》所传。

孔门弟子知多少，限于资料，事实真相难以坐实。唯《论语》透露出来的授业氛围，同“弟子三千”之说相去甚远，也不足以验证“七十子”皆为“身通六经”的“智能之士”。就此所作澄清，当无损于孔子形象，所涉及的只是历史研究的态度而已。

其实，宋儒程颐早就注意到孔子研究的风气问题。依他所见，“孔子教人常俯就，不俯就则门人不亲”。然而，“古之学者，优柔厌饫，有先后次序。今之学者，却只做一场话说，务高而已”。按现今的说法，便是做以孔子为话题的“写手”，写“拔高”的文章。这位对孔子崇拜之至的先贤，甚至说：“假如人言孔子为圣人，也须直待己见圣处，方可信。”可惜“后之学者好高。如人游心于千里之外，然自身却只在此”。[①]

三、有若之言何以似夫子

《论语》中孔子精辟的言论不胜枚举。关于其中的重要言论，两千多年来一代又一代学者的解读往往莫衷一是。这就不免存在到底如何把握其原意问题。令人感兴趣的是，孔子亲授的弟子如何领会乃师的教诲。关于这个问题，《论语》中虽也有一些记载，而更为传神的，莫过于《古文观止》一书编者吴楚材、吴调侯从《礼记·檀弓》中摘取的一节，题为《有子之言似夫子》。意思是有若对孔子言论的判断，近于乃师的原意。即使把此节记载当作寓言故事，它对于如何解读孔子的言论，亦不失为颇有启发的案例。

这个故事讲的是有若问曾参：“关于如何看待‘丧’（失去职位），你问过夫子吗？”曾参回答：“我听夫子说过‘丧欲速贫，死欲速朽’。”然而，有若不相信乃师会有如此说法。曾参说，“我真是听夫子这么说的”，有若仍然表示怀疑。因为在他看来，“这不像是君子该说的话”。曾参为证明自己传言不虚，声称自己是同子游一道听夫子这么说的。有若依然不信。认定，即使

① 周德昌.北宋教育论著选［M］.北京：人民教育出版社，1998：332-333.

如此，那么夫子也是有所指而言，而非关于如此看待“丧”和“死”问题的一般见解。

事后，曾参把此事告诉子游。子游听了不禁大为感叹：有若真不简单！他对这个问题的看法比较符合夫子的本意。因为夫子的如此言论，真是有所指而发。为此，他举例说明，当年，夫子在宋国时，见该国司马桓魋为自己造石椁，三年未造成。夫子由此感慨：“如此奢侈，人死了还不如快些腐朽为好。”所以“死欲速朽”是针对桓魋而说的气话；又如，南宫敬叔失去职位以后，返回鲁国。车上载了许多珍宝去朝拜国君。在夫子看来，“像这样行贿，失去职位以后还不如快些变穷更好”。故“丧欲速贫”，是针对南宫敬叔的行贿行为而言。

曾参听了子游这番话以后，大感兴趣。于是，转而向有若请教：“你到底凭什么不信夫子竟有如此说法？”有若说，夫子在中都宰任上，曾立棺木厚四寸、椁木厚五寸之制。由此可知，他原无“死欲速朽”之意；又如他在失去鲁国司寇之职，谋求到楚国任职之前，先后派子夏、冉有去了解那里的情况，亦可见得他并无“丧欲速贫”的想法。

久有有若貌似孔子的传说。所谓“有子之言似夫子”，或为这一传闻的引申之作。不过，即使把它作为寓言故事，其意味倒也深长。

这个故事提供了一个孔门弟子如何对待乃师教诲的典型案例。在这个案例中，曾参明明听过乃师这么说，而有若偏偏不信老师竟会这么说。尽管“参也鲁”（《论语·先进》），他并不生气，却耐心地表示自己传说不虚，并以子游为旁证。直到子游解释以后，才茅塞顿开。随即向有若请教，问他凭什么不信夫子竟有此说。他如此虚心，倒表明参也“不鲁”。或许由于他早就从友人那里，懂得“以能问于不能，以多问于寡，有若无，实若虚，犯而不校”（《论语·泰伯》）的道理。

有若不信夫子有“丧欲速贫，死欲速朽”之说。因为在他看来，这不是君子应该说的话。当他无法否认老师确有此说时，倒也见怪不怪，遂根据自己对夫子以往相关行为的了解，认定这不过是老师有所指而言。他的这个判断，后来果然得到子游举例证明。

子游长于当时所谓“文学”。他虽然同曾参一道听到乃师的这个过激言论，并不像曾参那样把此种过激言论当成教条。尽管他对乃师的正确言论不仅相信，而且还付诸行动。如在武城宰任上，弘扬弦乐，颇有成效，而对乃师的不当言论，却敢于当面据理反驳（《论语·阳货》）。故他不加犹豫地赞同有若之见，并举例证明夫子的过激言论确是有所指而发，也显示出他对老师的言论并不盲从。

其实，孔门弟子如此领略乃师的教诲，原是平平常常的事情。只是同汉代以还儒家学风比较起来，才显得颇不寻常。

孔子一向不尚空谈。他的言论大都是有所指而发，可算是有的放矢。所以，对同一个问题，如仁如智如勇，如“闻斯行诸”，往往根据不同对象的品性、价值倾向、行为表现或学习态度，作出不同的回答，而在不同的回答中，隐含着他一以贯之的价值观念或基本主张。孔门弟子对此种情况，不会不习以为常。

自然，孔门众多弟子中，不免有智拙之别、仁德差异、好学程度不同。其中能够从他的具体解答中领略其本义的弟子，亦大有人在。如颜回、子贡、子夏、子游和有若，都称得上好学的弟子。其实，在此案例中的曾参，虽在不经意的回答中，显得呆滞，而此话题一经子游、有若点破，他很快就心领神会。不仅由于他善于反省，亦同熟悉乃师回答问题的习惯不无关系。

重要的是，孔子生前声望虽然不小，确也不大。就连达巷党人也不无感慨："大哉孔子！博学而无所成名。"（《论语·子罕》）这位夫子只得反复以"人不知而不愠，不亦君子乎？"（《论语·学而》）自律、自我安慰或聊以解嘲，终究出于无奈。孔门弟子对乃师虽仰慕之至，而在一般情况下，还不致把他作为圣人崇拜。因为他们心目中的夫子是个好学的真孔子。

流传下来的孔子言论，属于难得的文化遗产。其中重要的价值判断，不论对错，作为当时客观存在的现象，都该成为孔子研究与历史研究的对象。只是这种研究的成果，稍为接近历史的事实，至少不致曲解历史，才不失学术研究的价值。尽管由于历史的烟尘无法突破，如今几乎不可能对孔子有真正的了解。如果像有若、子游那样，不把孔子在特定的场合、针对特定对象发表的有的放矢的言论，夸大为普遍真理，至少可以不致为孔子研究添乱，或者还可消除一些对夫子的误解。

总之，"有若之言似夫子"原本寻常，只是在儒家学风大变之后，才令人耳目一新。

四、孔门弟子“知”“仁”见识传说

常言道，对一人一事的判断，“仁者见仁，智者见智”。无非表示不同人对同一人、同一事，可能作出不同的判断。其实，对一人一事，仁者见其“不仁”，智者见其“不智”，或更近于常理。更何况仁者之间、智者之间所见也不尽一致。问题在于，何为“智者”，何为“仁者”？按照孔子所代表的中国儒家价值观念，“智者”“仁者”到底应当如何看人看己、对人对己？

据《荀子·子道》所传，孔子曾以“知者若何，仁者若何”分别询问子路、子贡和颜渊，并对他们的回答作出评价。由于此案例有助于对中国传统价值观念的了解，不妨从这一案例谈起。

关于“知者若何，仁者若何”，孔门师—弟子的回答是：

子路：“知者使人知己，仁者使人爱己。”

子曰：“可谓士矣。”

子贡：“知者知人，仁者爱人。”

子曰：“可谓士君子矣。”

颜渊：“知者自知，仁者自爱。”

子曰：“可谓明君子矣。”

关于如此传言，若信以为真，难免引起诸多争议。由此还少不得对三位弟子的一贯言行考证一番。不过，这里援引此例，只是由于它虽属拿孔门师—弟子说事，而其所传的话题，却可触发关于人生智慧与道德的思考，故有对其辨析的必要。

这个案例表明，在“孔子”看来，“知人”重于“使人知己”，“自知”又重于“知人”；同样，“爱人”重于“使人爱己”，而“自爱”亦重于“爱人”。其中所谓“自知”“自爱”，真的那么重要么？到底应当怎样看待这种价值判断？怎样看待其中涉及的知仁问题呢？

关于以上提到的几种不同看法，都须具体分析。

关于“使人知己”“使人爱己”，孔子再三表示，君子原不必因别人不知自己而怒。那么，它为什么又不介意子路“使人知己”之见呢？

孔子再三表示：

不患人之不己知，患不知人也。

（《论语·学而》）

不患莫己知，求为可知也。

（《论语·里仁》）

不患人之不己知，患其不能也。

（《论语·宪问》）

君子病无能焉，不病人之不己知也。

（《论语·卫灵公》）

话虽如此，由于别人是否知己，不仅事关个人名声，更同个人社会地位及影响力相关。孔子虽堂而皇之地宣称“人不知而不愠，不亦君子乎？”（《论语·学而》）其实，他自己就深切地领受到“君子疾没世而名不称焉”（《论语·卫灵公》）的滋味。

不过，他毕竟是君子，相信“君子求诸己，小人求诸人”（《论语·卫灵公》）。所以，即使“名不称”焉，也不怨天，不尤人，只考虑个人是否有能耐足以使自己广为人知。其实，子路所谓“使人”知己，正表明他是“求诸己”的君子，可算是同乃师的教诲相反而相承。

至于“使人爱己”，由于未见孔子如此说法，容后再议。

关于“知人”“爱人”，在《论语》中有智者“知人”、仁者“爱人”一说（《论语·颜渊》）。虽非定义，却是孔子所谓“智者”“仁者”的简明表达。如是，那么，在乃师的评价中，为什么“自知”高于“知人”、“自爱”高于“爱人”呢？这就得考虑在此语境中“自知”“自爱”是怎么一回事。

由于传闻中“自知”“自爱”，是拿颜渊说事，就得看颜渊如何“自知”，如何“自爱”。

关于“自爱”，据《论语·颜渊》载：

颜渊问仁。

子曰：“克己复礼为仁。一日克己复礼，天下归仁焉。为仁由己，而由人乎哉？”

颜渊曰：“请问其目？”

子曰：“非礼勿视，非礼勿听，非礼勿言，非礼勿动。”

颜渊曰：“回虽不敏，请事斯语矣。”

颜渊果然谨遵师嘱，“为仁由己”。也就是坚持“非礼勿视，非礼勿听，非礼勿言，非礼勿动”。至少“其心三月不违仁”

(《论语·雍也》)。

这大概就是所谓“自爱”。

关于“自知”，据《论语·公冶长》载：

颜渊、子路侍。

子曰：“盍各言尔志。”

……

颜渊曰：“愿无伐善，无施劳。”

其中，“伐善”“施劳”，据朱熹注：“伐，夸也。善，谓有能。施，亦张大之意。劳，谓有功。”看来有能不自夸，有功不自吹，便算是所谓“自知”。

问题在于，《论语》中似未见“自知”“自爱”明确提法，正如未见“爱己”提法一样。故此传闻中之议，是否出自孔子之见，尚难以断定。

关于出自《荀子·子道》中的传闻，其可信程度如何？梁启超曾把《荀子》中的《子道》等篇，断为：“汉儒所杂录，非《荀子》之旧。”[①]汉儒杂录中类似传闻，多有代孔子立言或拿孔门师—弟子说事的情况，也就不如《论语》可信。至于《论语》是否足以全信，那是另外的问题。

不过，汉儒杂录中的此类传闻，往往倒比《论语》中的片言只语，易于激活思考。

① 梁启超．荀卿及《荀子》［M］//罗根泽．古史辨·第四册．上海：朴社，1933：115.

关于《论语》，宋代陆九渊早有明见。他认为其中“多有无头柄的说话，如‘知及之，仁不能守之’之类，不知所及所守者何事”。[①]相比之下，《论语》虽有智者“知人”、仁者“爱人”一说，而《子道》中的传闻，则把此说同“使人知己”“使人爱人”及“自知”“自爱”联成系列，从而使“知人”“爱人”，成为“有头柄”的说话。所以它实际上成为“后孔子时代”有关“智”“仁”的新见。

虽然这种新见，同儒家正统价值观念或多或少有出入，由于它作为相关价值观念配套的见解，也就便于同西方近代以来相关话题中的见解比较。换句话说，便于同现今“智”“仁”观念接轨。

儒家的“智者”观念，其中包括这一传闻中的“人知”和“自知”，都以“人”为认知对象。虽不可少，却同智者“爱知”及探求客观真理的科学异趣。孔子即使求“知”、爱“知”，主要仍为“知人”之智。

“人爱”“爱人”“自爱”之“爱”，虽然属于人之常情，而“为什么爱”“爱什么”和“如何爱”，才是伦理评价的对象。所以，无论是“人爱”“爱人”还是“自爱”，该爱还是不该爱，爱得正当或不正当，只有以爱的对象和爱的行为为依据，以一定的伦理原则或行为规范为准绳，才能作出恰当的判断。至于不同时代不同社会–文化中伦理原则、行为规范的异同，那是比较复杂的问题，在此不拟论列。唯关于儒家之谓“爱”，仍有必要作点交代。

---

① 熊承涤，邱汉生. 南宋教育论著选［M］. 北京：人民教育出版社，1992：320.

前面提到，在《论语》中，似难得寻觅“使人爱己”“自爱”之类话题，看来并非出于偶然。因为孔子所谓仁，即使以“爱人”为基本规定，其适用范围并不限于人际关系的行为规范，它更是以礼制为前提，为仁政立言。如“博施于民而能济众”(《论语·雍也》)；即使作为行为规范，个人修养之“仁”，爱人仍以礼为节度。“知及之，仁能守之，庄以莅之，动之不以礼，未善也。”(《论语·卫灵公》) 由于孔子孜孜以求之礼，是以“君君、臣臣、父父、子子”为核心的宗法等级制度，重在“立亲疏，决嫌疑，别同异，明是非。”(《礼记·典礼》) 故仁者虽然“爱人”，却同人人平等的价值取向异趣，在道德评价中漠视独立人格，也就不足为怪。唯其如此，《子道》传闻中的“使人知己”“使人爱人”和“自知”“自爱”话题，便可算是发前人之未发。不过，像颜渊那种“明君子”的“自知”“自爱”，属于自我克制型的品格，同近代以来自我完善型的“自知”“自爱”有别。前者倾向于保守，后者倾向于进取。这两种品格各有短长，其具体行为都少不得接受实践检验。

在此案例中，孔门师—弟子的智仁价值取向虽各不相同，然而，人知、知人和自知之间，却或多或少有其内在联系。其中，为人知而知人，同非为人知而知人，理由不同；因自知而知人，同不自知而知人，成就不同；由自知知人而为人知，同不自知、不知人而为人知，性质迥异。“人爱”“爱人”“自爱”之间的内在关联，同样如此。

所以，“知者若何”，远非“知人”一语足以尽之；同样，“仁者若何”，岂是“爱人”一说了得！

第十二章

先秦儒家先教说

中国古代儒家相当注重礼仪教化、政令教化，其中包括被荀子概括为“先教”的见解，即民若该诛，不教而诛谓之虐；民若该从戎，则先教后兵，不教而用，是谓殃民。孔子创议于前，孟子继之，荀子更有所发挥，从而使先教说较为可行。

一、“教而后刑、教而后兵”的先教说

孔子提出的命题是，“善人教民七年，亦可以即戎矣”（《论语·子路》），“以不教民战，是谓弃之”（《论语·子路》）；“不教而杀谓之虐”（《论语·尧曰》）。这就是治国治民，从教化入手。然而是不是在任何情况下都教而后诛呢？

孟子赞成孔子的先教后兵之见，认定“不教民而用之，谓之殃民”（《孟子·告子章句下》）。意思是若不预先给百姓以训

练，而贸然使其参战，必将失败。这无异于使百姓遭殃。至于不教而诛，对一般百姓可以这样讲，而杀人越货者除外。《尚书·康诰》载："杀越人于货，闵不畏死，凡民罔不憝。"今本《尚书》原文为："杀越人于货，暋不畏死，罔弗。"意思是，杀远人，取财物，强横不怕死，这些罪行没有人不憎恶。孟子毕竟早于汉儒，其引文或近于《康诰》原文。据此，这类人"是不待教而诛者也"，"殷受夏，周受殷，所不辞也"(《孟子·万章章句下》)。这种现象，"于今为烈"，更不可忽视。然而，先教之于普通百姓是不是一成不变的常规呢？

二、先教说立论

荀子率先提出先教概念。他借一则孔子轶事，申述先教的理由。

孔子在鲁国司寇任上，有一个人告其子不孝。孔子下令把被告拘留。不过，经过三个月，仍未作出判决。这时，原告请求撤讼，孔子便把被告放了。季孙获悉后，很不高兴，说："此老（指孔子）岂不是欺骗我吗？他曾对我说过，为国必以孝。如今明明杀一个不孝之子便可以惩罚不孝的行为，他却把这个不孝之子释放了。"

冉有把季孙的话告诉了孔子。孔子深有感慨地说："唉！居于上位的人有过失，居于下位的人如把他杀掉，行么？""不教其民而听其狱，杀不辜也。三军大败，不可斩也。狱犴不治，不可刑也，罪不在民故也。"

接着直指时弊："嫚令谨诛，贼也；今生也有时，敛也无时，暴也；不教而责成功，虐也。已此三者，然后刑可即也。《书》曰：'义刑义杀，勿庸以即。[意思是即使是正当的刑杀，也用不着立即执行。][1]予维曰未有顺事。'言先教也。"[2]（《荀子·宥坐》）

荀子引证孔子轶事后，不胜感慨："今之世则不然：乱其教，繁其刑，其民迷惑而堕焉，则从而制之，是以刑弥繁而邪不胜。……今夫世之陵迟亦久矣，而能使民勿逾乎！"（《荀子·宥坐》）

先秦儒家教化说中所谓"教"为"治教不二"之教。这种先教说的要义为：

1. 不行先教，罪不在民。

2. 先教并非唯教，它不适用于"元恶"；有罪当罚，"王公士大夫子孙"也不例外，即刑也可上大夫子孙。

3. 既不唯教，也不唯刑，赏罚并用。

4. 治之宽严，"教""刑""赏"之用，因"政之终始"不同状态而定。

三、因时因势而行

荀子不仅率先提出先教概念，而且使先教说系统化。

---

① 《尚书·康诰》是周公告诫康叔治理殷民的诰词。今本《康诰》原文为："用其义刑义杀，勿庸以次汝封。"（按：康叔姓姬名封）意思是不要单凭姬封个人心意断案，并无"勿庸以即"之句。荀子引文或近于《康诰》原文。

② 这似是孔子引证《书》后而发的感慨，亦可能是荀子的议论。因在《荀子·致士》中有同样的引证与议论。

（一）“教”与“刑”“赏”并行

荀子谈到君民上下关系时，认为治者如具备三德，即调和缓急、忠信均平与修正自我、徐责他人，将比刑赏更为有效。“三德者诚乎上，则下应之如景向。”所以，“不教而诛，则刑繁而邪不胜”；反之，“教而不诛，则奸民不惩”。此外，“诛而不赏，则勤属之民不劝”，并且赏惩还得依法而行（《荀子·富国》）。所以，先教并非唯教。

（二）“元恶”与“中庸民”区别对待，不论贵贱按王政一视同仁

荀子在谈到治理国家时，其中就提到，实行教化为先，对不同对象要区别对待：“元恶不待教而诛，中庸民不待政而化。”并且不管是“王公士大夫之子孙”，还是“庶人之子孙”，都得一视同仁，不得例外。“夫是之谓天德，王者之政也。”（《荀子·王制》）

（三）治之宽严、“教”与“刑”的择定，因政之终始而定

如以三年为期，自始至终，采取的对策依次为：

1. 政之始：临事接民而以义，应变宽裕而多容，恭敬以先之。

2. 政之隆：适当的察断以辅之。

3. 政之终：人事进退，赏罚得当。

这是一个从教化到在明智判断基础上，按礼法治理的过程。“一年与之始，三年与之终。”如果“用其终为始，则政令不行而上下怨疾，乱所以自作也”（《荀子·致士》），这便是对先教的理解。

第十三章

孟子教育说

一、"得天下英才而教育之"说

孟子以"得天下英才而教育之"为"君子三乐"之一。且不论这只是他个人的价值追求，还是依他之见此为士君子普遍应有的价值追求，问题在于他为什么以此为君子乐事。从一般对于教育价值的规定看来，仿佛这不算是一个问题。为了解孟子的原意，姑且把它作为一个问题考虑。不过，单就此章而言，他并未就此加以申述。如把此章同此前一章与此后一章联系起来，其原意便可了然。

（一）所谓"王天下不与存焉"

孟子称："君子有三乐，而王天下不与存焉。父母俱存，兄弟无故，一乐也；仰不愧于天，俯不怍于人，二乐也；得天

下英才而教育之，三乐也。君子有三乐，而王天下不与存焉。”（《孟子·尽心章句上》）

这里的问题首先是，为什么谈到君子之乐，先交代“王天下不与存焉”？谈了君子之乐后，又重申“王天下不与存焉”？这就不能不同此前一章与此后一章联系起来考虑。

此前一章列举数种人生乐事：“有事君人者，事是君则为容悦者也；有安社稷臣者，以安社稷为悦者也；有天民者，达可行于天下而后行之者也；有大人者，正己而物正者也。”此章如不同“君子三乐”章联系起来，只不过是现象罗列而已。其实，此章正是“君子三乐”章的铺垫。确切地说此前后三章，原为一章。

以上所述，都为正当之乐，属于“天下之乐”。所谓“王天下不与存焉”，如东汉赵岐所注，王天下为“天下之乐”。唯其如此，在谈到君子之乐前，就少不得作“王天下不与存焉”的交代。否则便可能发生君子无“天下之乐”的误会。

（二）“君子三乐”与“天下之乐”的区别

所谓“君子三乐”与“天下之乐”不同之处在于：“父母俱存，兄弟无故”，为人人有幸获得且不可或缺的天伦之乐；“仰不愧于天，俯不怍于人”，内心无愧，心安理得，为无求于外发自内心的快乐。至于为什么以“得天下英才而教育之”为人生乐事，这就得从此后一章中求得解答。

此后一章中称：“广土众民，君子欲之，所乐不存焉。”拥有广土众民，虽也符合君子的欲望，然而君子可能得到这种乐趣么？“中天下而立，定四海之民，君子乐之，所性不存焉。”君子也会因处于中央地位，安定百姓而感到快乐，然而这并不是出于君子本性的乐事。那么，君子的本性是什么呢？“君子所性，虽大行不加焉，虽穷居不损焉，分定故也。”这是说君子的本性同其境遇无干。因为人的境遇受到身份、地位的限制。其实，“君子所性，仁义礼智根于心”。这种内在的本性也能从其表现中反映出来。由此可见，有机会以仁、义、礼、智，对天下英才教之育之，才堪与天伦之乐、心安理得之乐一样，成为符合君子本性的内在的乐趣。

尽管人的本性未必根植于仁、义、礼、智，而仁、义、礼、智毕竟是君子应有的修养与品行。君子名分尚在其次，有此修养与品行的人，总比缺乏此类修养与品行的人更乐于得英才而教之育之，也才能感受教之育之的乐趣。

（三）为何以教育为乐事

充分认识英才在推行仁政中的重要性，才更能体会“得天下英才而教育之”的乐趣。

依孟子之见：“分人以财谓之惠，教人以善谓之忠，为天下得人者谓之仁。是故以天下与人易，为天下得人难。”（《孟子·滕文公章句上》）

以史为证：“尧以不得舜为己忧，舜以不得禹、皋陶为己忧。夫以百亩之不易为己忧者，农夫也。”说的是，尧舜之忧不同于农夫之忧。尧以舜为“天下英才”，舜以禹和皋陶为“天下英才”。

在这个意义上，才谈得上“以天下与人易，为天下得人难”。尧舜得天下难得的人才，这才显示出他们自身的难得。“大哉！尧之为君”，“君哉！舜也！”（《孟子·滕文公章句上》）

果“得天下英才而教育之”，既得“教人以善”之“忠”，又以“为天下得人”为“仁”，何乐而不为？至于孟子是否有福分分享这种乐趣，他也许并不介意。因为“仰不愧于天，俯不怍于人”，已经够乐此一生了。

（四）“易子而教”别解

孟子以“得天下英才而教育之”为乐事，似乎倒以教子为烦恼之事，故赞成“易子而教”一说。其弟子公孙丑不解，遂问：“君子之不教子，何也？”孟子回答：“势不行也。”因为“教者必以正，以正不行，继之以怒；继之以怒，则反夷矣。”“夷”，朱熹解为“伤也”，而在此语境中，当为“鄙夷”之意，即“视之不见名曰夷”（《老子·十四章》）。因为老爸发怒，难免失态，儿子便会反唇相讥：“夫子教我以正，夫子未出于正也。”于是，“父子相夷也”，“父子相夷，则恶矣”。所以，只得采取回避的办法：“古者易子而教之，父子之间不责善。责善则离，离则不祥莫大焉。”（《孟子·离娄章句上》）

关于“责善”，朱熹解为“朋友之道”，不知何据。且“责善即朋友之道”，抑或“责善属朋友之道”，含义不明。《辞海·语词分册》（1977年第1版）解为“督策他人为善”。如是，能说父亲不能督策其子为善么？据此语境，“责善”或为“责备”之意。“责备”，按其原意为“要求人尽善尽美，全无缺点”，即“求全责备”。在“责备”一词的原来意义上，“是故君子不责备于一人”(《淮南子·氾论训》)。

孟子认定“古者易子而教之”，不知何据。如果把“易子而教”直解为我教你的儿子，你教我的儿子，这在孟子以前，鲜有先例。据传古代儿童十岁以后，始出就外傅，寄宿于外，或出于明亲教之弊。在孟子以后，机械的“易子而教”，偶或有之，并不多见。

朱熹认定“易子而教，所以全父子之恩，而亦不失其为教”，实系搪塞之辞。李贽戏称所谓“易子而教”，“还为处馆先生立地步耳”。又正经地指出：“若是父出于正，即使极不肖之子，亦不敢说‘夫子未出于正’。恐此处议论，未足千古。”(李贽：《四书评》)该有此疑！

二、“五教”说

孟子所处时代，教与学的活动日趋活跃。唯此类活动尚未定型，人们对“教”也有不同理解。孟子提出“五教”之说：“君子之所以教者五：有如时雨化之者，有成德者，有达财者，有答问者，有私淑艾者。此五者，君子之所以教也。”(《孟子·尽心章句上》)算是率先对形成中诸“教”现象作出概括，以示对“教”的关注。由于尚未形成“教”的一般概念，故所谓“君子之所以教者五”，不属于逻辑的分类。作为那个时代“教”的状况的反映，却较为难得。

兹分别对其所列诸“教”现象加以分辨。

（一）“有如时雨化之”之教

“有如时雨化之者”，是以时雨化育为喻体的比喻。此比喻的本体是一种什么“教”呢？它近于儒家倡导的教化。根据何在呢？

孟子说：“霸者之民，驩虞如也，王者之民，皞皞如也。杀之而不怨，利之而不庸，民日迁善而不知为之者。夫君子所过者化，所存者神，上下与天地同流，岂曰小补之哉？”（《孟子·尽心章句上》）所说的是作为德政题中应有之义的教化的两种形态。前者指善政的影响即人文环境影响。后者指榜样的影响。两者都未以“教”的形态出现，却使民众于不知不觉中受到“教育”，犹如时雨之化。这便是“以不教为教”，或“无痕教育”。

孟子还称：“圣人，百世之师也，伯夷、柳下惠是也。故闻伯夷之风者，顽夫廉，懦夫有立志；闻柳下惠之风者，薄夫敦，鄙夫宽，奋乎百世之上。百世之下，闻者莫不兴起也。非圣人而能若是乎？而况于亲炙之者乎？”（《孟子·尽心章句下》）这便是榜样影响的例证。

（二）成德之教与达材之教

孟子所处时代，不仅存在个人设学授徒或不以设学方式带徒的现象，还有官方资助设学的可能性。如孟子将离开齐国之际，齐宣王命其臣时子转告孟子：“我欲中国［实指临淄］而授孟子室，养弟子以万钟，使诸大夫国人皆有听矜式。”时子托孟子弟子陈臻转告乃师。（《孟子·公孙丑章句下》）此事用如今时髦话说，便是打算在临淄设立实验性的“孟轲工作室”，培养“官二代”。孟子虽未应聘，证明当时确有培训士大夫的需求。同时，在师—弟子关系中，弟子人各有志，或志在成德，或志在达材，乃师只能因势利导。遂有成德之教与达材之教的区别。

（三）答问之教

在典籍（文）与有价值的口碑资料（献）为诸子掌握的情况下，口耳相传的授业，以问答为基本方式。这便是答问之教。

就孟子授业而论，一般讲，“夫子之设科也，往者不追，来者不拒。苟以是心至，斯受之而已矣！”（《孟子·尽心章句下》）“设科”，朱熹解为科条。（“科条”一词出自《战国策·秦一》）

孟子对于其弟子，大抵有问必答。如公孙丑提出一个问题：“您如果做了齐国的卿相，实现自己的主张，从而成就齐国的霸业或王业，自然不成为问题。请问：在此情况下，您是否动心呢？”单就这个问题，他们师—弟子之间，就达十四问、十四答之多（《孟子·公孙丑章句上》）。足见其诲人不倦的精神。

不过，孟子并非全然来者不拒，有问必答。如在邹国时，曹交（曹君之弟，不过曹国早已成为附属国）向孟子请教：“人皆可以为尧舜，究竟有没有可能性？”孟子耐心加以回答。曹交或许觉得有启发，进而提出，我可以见到邹君，向他借个馆舍住下来，以便受业于您的“门下”。孟子婉转地表示：“夫道若大路然，岂难知哉？人病不求耳。子归而求之，有余师。”（《孟子·告子章句下》）为什么一推了之呢？前人断言，曹交有“挟贵而问”之嫌。

是不是如此，从孟子拒收滕更为徒的理由可知。孟子在滕国时，滕王之弟滕更曾在孟子门下，他向孟子求教时，孟子总是不予置答。其弟子公都子颇为不解，遂问乃师是何缘故。孟子宣称：“挟贵而问，挟贤而问，挟长而问，挟有勋劳而问，挟故而问，皆所不答也。滕更有二焉。”（《孟子·尽心章句上》）故不予回答。

就选择门徒及答问对象的标准来说，夫子不仅毫无攀附权贵之意，相反，恰恰同不成才的“官二代”保持距离，从而显示孟门之教的高致。

（四）私淑之教

关于“私淑艾者”，朱熹解为：“私，窃也。淑，善也。艾，治也。”这句话的意思为：“人或不能及门受业，但闻君子之道于人，而窃以善治其身，是亦君子教诲之所及。”（朱熹：《四书章句集注》）

此解的问题在于解“艾”为治，即“艾安”，原为太平之意，同此语境不甚相合，属望文生义。其实，古有“五十日艾，六十日耆”（《礼记·曲礼上》）之说，另据扬雄所撰《方言》（全名《輶轩使者绝代语释别国方言》）：“艾，长老也。东齐、鲁、卫之间，凡尊老谓之叟，或谓之艾。”孟子自称：“予未得为孔子徒也，予私淑诸人也。”（《孟子·离娄章句下》）依此看来，解“艾”为“长者”（主要是指有道的长者），似更恰当。荀子称：“耆艾而信，可以为师。”（《荀子·致士》）可作为参证。

通常亦可把长者置于前，称为“某某的私淑弟子”。私淑弟子虽同其景仰之师之间，无直接交往的机缘，甚至隔代相承。因出于弟子自愿自主的选择，故同其宗师可能在精神上更为相通。

（五）“五教”说的认识价值

孟子对中国文明早期教育形态似有所闻，甚至比孔子所知还要具体。如所谓“设为庠序学校以教之。庠者，养也；校者，教也；序者，射也。夏曰校，殷曰序，周曰庠，学则三代共之，皆所以明人伦也”（《孟子·滕文公章句上》）。以致还对梁惠王一再宣传“谨庠序之教，申之以孝悌之义”（《孟子·梁惠王章句上》）。唯星移斗转，时至战国中期，他更加关注的并不是什么养也之“庠”，射也之“序”，也不像后来汉儒那样侈谈古代什么宫廷之学，而是当时已经萌发的更具有“教”与“学”性质的诸经验形态。

孟子对诸“教”现象的罗列，虽不属于逻辑的分类，毕竟是我国文明早期教育形态的初步概括。随着我国教育文明的演进，他概括的诸“教”现象，后来或以定型的方式或以经验形式趋于明朗。

1. 教化

所谓“有如时雨化之”之教，其实是孔子以还儒家教化观念的形象表达。在荀子提出“教化”一词以后，教化逐渐成为通用概念。虽然在仁政、德治、礼制取向中，教化是表达政治功能的概念，而这个概念在近代以来不仅仍具有政治伦理的含义，其中涉及的制度设计的伦理环境和榜样示范影响，依然是社会教育与学校德育中不可忽视的动因与行之有效的经验形式。

2. 授业

成德之教与达材之教是授业功能的早期表达；答问之教，无论在纸张和印刷术发明以前，还是在其以后，都是授业中解惑的方式。

3. 私淑之教

无论在授业发生以前，还是授业发达以后，私淑学有专长、德高望重的对象，都是自我修养、自学成才的可取方式。尤其在漫长的古代岁月，由于教育机会难得，它是失去教育机会的人们寻求教育机会的重要方式。

孟子对我国文明早期教育形态如此较为全面的概括，在先秦诸子百家学说中为仅见。

第十四章

孔孟授业比较

一、授业价值取向比较

程颐谈道："孔子教人常俯就，不俯就则门人不亲。孟子教人常高致，不高致则门人（一作道）不尊。"（程颐：《入关语录》）暂且不谈此说或有感而发，他对所作的判断并未申述。如此判断，能够成立么？且从孔子授业取向谈起。

（一）孔子"俯就之教"

孔子告诫子夏："女为君子儒，无为小人儒。"（《论语·雍也》）这倒不只是针对子夏而言。在《论语》20篇512章中，"君子"一词96见。可见"君子"是孔门授业中非常关注与经常议论的话题。孔子授业本身基本上属于"君子儒"之教。就此而言，何以说"孔子教人常俯就"呢？

在《论语》中，有18章专谈君子与小人的区别。其实，在孔子所处时代的人群中，并不是“非君子即小人”，“非小人即君子”。在君子与小人之间，还存在为数更多的既非君子又非小人的普通人。他大谈君子与小人之别，是要弟子非成为君子不可，还是守住君子的底线（不做小人）呢？看来他固然希望某弟子成为君子，并加以引导，更要求弟子守住君子的底线，同小人划清界限。

如此说法，理由何在？

在孔子看来，尽管每个弟子都可能有君子行为、君子作风，而真正成为君子，并非易事。难在哪里呢？“君子无终食之间违仁，造次必于是，颠沛必于是。”（《论语·里仁》）像颜渊那样，“其心三月不违仁”（《论语·雍也》），已经非常难得了。唯其如此，孔子谦称：“君子道者三，我无能焉。仁者不忧，知者不惑，勇者不惧。”（《论语·宪问》）“文，莫吾犹人也。躬行君子，则吾未之有得。”（《论语·述而》）他不无遗憾地说：“圣人，吾不得而见之矣。得见君子者，斯可矣。”（《论语·述而》）故称赞其弟子宓不齐（字不贱）“君子哉，若人”（《论语·公冶长》），连声称赞弟子南宫适：“君子哉若人！尚德哉若人！”（《论语·宪问》）这不是在弟子面前俯就的姿态么？

孔子俯就之教还具体表现为：

1. 老实承认自己有不及弟子之处

他问子贡：“你同颜回相比，谁更行？”子贡说，我怎敢同他比？他牛得很，“闻一以知十”，我只能算是“闻一以知二”而已。孔子连称“弗如也，吾也女弗如也”，我们都赶不上他。

(《论语·公冶长》)

2. 乐意向弟子学习

颜回对孔子的话“无所不说”，孔子反而觉得“回也，非助我也”(《论语·先进》)。他多么期待从自己的弟子那里受到教益啊!

3. 尊重弟子的价值追求

孔子要身边的弟子子路、冉有、公西华谈自己的志向。他们各自谈了自己的抱负。在他们离开后，在场的年龄较大的弟子曾皙问孔子，你对他们三人的志趣有何评价？孔子平心静气地说，他们不过是各言其志罢了，并未对他们的志趣说长道短。

4. 耐心倾听弟子的不同意见，并适当加以引导

当时鲁国有每月初一用活羊祭祖的习俗。子贡觉得用活羊祭祖这个习俗有改进的必要，孔子则认定此礼不可废，但并未责备子贡，只说:“尔爱其羊，我爱其礼。”(《论语·八佾》)让子贡自己再去考虑这个问题。

5. 知道自己错了肯向弟子认错

言偃(字子游)在武城宰任上，以礼乐为教，或许在当地已经形成弦歌颂诗的风气。孔子偕几个弟子到武城去，听到弦歌之声，不禁觉得可笑，脱口而出:“割鸡焉用牛刀？”意思是区区小邑，何必行此大道？言偃不以为然。遂指出，我以前曾经听你说过:“君子学道则爱人，小人学道则易使。”孔子这才察觉自己不该说这种话。便对弟子说，还是言偃说得对，我说的不过是“戏言”，不该开这种玩笑(《论语·阳货》)。

6. 和弟子开诚相见

孔子向弟子表示过“予欲无言”(《论语·阳货》)。他或许察

觉有些弟子怀疑乃师还有什么道理或隐衷没有告诉他们。便问："二三子以我为隐乎？"你们是否以为我还有什么心思对你们隐瞒么？其实不然。"我无隐乎尔！吾无行而不与二三子者，是丘也。"（《论语·述而》）

孔子对弟子固然比较和善、宽容，尊重弟子的价值选择，尊重他们的不同意见，其前提是弟子的言行不得触犯君子的底线，不得沾染下等人的习气。

凡此种种，证明"孔子教人，常俯就"，所言非虚。

（二）孟子"高致之教"

孟子相信："道在迩而求诸远，事在易而求之难。"（《孟子·离娄章句上》）

公都子问：同样是人，为什么有的人是"大人"（君子），有的人是"小人"？孟子答："从其大体为大人，从其小体为小人"，"先立乎其大者，则其小者弗能夺也。"（《孟子·告子章句上》）

曹交问"人皆可以为尧舜"，有这回事么？孟子答："然！"（《孟子·告子章句下》）

其实，在《孟子》中，高致之论还可列举很多，足见孟子教人"常高致"，是有一定思想基础的。

不过，这样一来，其弟子公孙丑就发生了疑问。

公孙丑问：如今的"道"，很高很美，只是人们修道就好像登天一样，"似不可及也"，高攀不上。何不使其令人可望达到，以便于人们天天去努力呢？

孟子不以为然。他举例说，高明的木匠并不因为木工笨拙而废弃操作的规矩。神射手后羿，也不致由于有些射手笨拙而改变拉弓技艺的动作规范。所以，“道”，作为标准、规矩，是不应改变的。那么君子（“教”者）怎么办呢？“引而不发，跃如也”，即传道像是拉满弓，却不一定放箭，而作出跃跃欲试的态势，让弟子按照既定的标准（道），自己去修身养性。自然，弟子修养水平参差不齐。他们未必都能按照既定的标准去修养，那也没有关系。在弟子中，总归会有人按照高标准自我修养。这就是所谓“中道而立”，无过无不及，弟子中“能者从之”（《孟子·尽心章句上》）。

鉴于在我国迄今为止，还或可见到“高致之教”的影子，也就有必要考虑孟子的见解能否成立，“高致之教”为什么能在尔后千百年中发生如此深远的影响？不过，在具体讨论这个问题之前，须交代一下道德概念问题。

中国古代，“道”与“德”是两个不同的概念。就以《孟子》一书来说，其中“道”字144见，“德”字42见，未见“道德”这个双音词。“道”与“德”的区别在于“道生之，德畜之。”（《老子·五十一章》）王弼注：“道者，物之所由也；德者，物之所得也。由之乃得。”《管子》说，“德者，道之舍”（《管子·心术上》）“德行必有所是，道义必有所明”（《管子·法禁》）。按照现今的观念，“道”，相当于根本性质的价值观念，而且是世俗信仰中核心的价值观念；“德”相当于按照一定行为标准修养而成的品质（德性）。“道”作为行为准则的依据，并寓于行为准则之中。这便是“道生之，德畜之”的道理。

孟子用工匠（以及射手）技艺操作规矩作比喻，无非是说明“道”的标准，也像工匠的规矩一样不可偏离，不可降低。其实，这两者之间尚有不可比之处。因为“道”属于价值观念范畴，工匠的规矩为动作规范，它相当于作为行为准则的“德”。“道”转化为行为准则（德）才有可操作性，否则，就连已经具有相当修养的人，如公孙丑，也会觉得修道如“登天”之难。

所以，问题在于是否把“道”蕴含在可行的“德”中，而不在于“道”是否很高很美。“道”如果不是很高很美，谁还有志于去追求它呢？正如程颐所说，“不高致则门人不尊”。孟子也知修道并非易事，只是相信“中道而立”，必有“能者从之”。

（三）孔孟授业行为之别

其实，依孔子之见，真君子的标准也很高很美，以致就连他本人也谦称尚未达到如此标准。然而，孔子所谓“君子之道”并未使其弟子觉得高不可攀，这是什么缘故呢？

中国古代所谓“德”，在同“道”对举的意义上，是动词“得”的意思。只是在这个词的运用中，又演变为名词，指德性。德性又分化为智、仁、勇、孝、悌、忠、信之类人伦规范。

在孔子授业过程中，弟子经常提出的，便是同诸如此类伦理规范相关的问题。例如据《论语》记载，颜回、仲弓、司马牛、樊迟、子贡、子张先后问仁或同仁相关的问题。不过，他们“问仁”。未必想求得仁的定义（在他们的头脑中未必知道逻辑学意义上的概念是怎么一回事），而是希望按照君子之“仁”，对人物或事件作出对或错的价值判断。[①]而孔子通常对同一个问题（如仁）根据不同的提问者的个性、意识倾向与行为表现，作出各不相同的解答。这样，孔子的授业，便具有价值追求的引导及行为指导的意义。遂被后人称为“因材施教”。

如此授业，在“教也者长善而救其失也”的意义上，就具有教育（狭义）的性质。这种具有教育性质的授业，之所以行之有效，同孔子之教“常俯就”，又有莫大的关系。

孔孟授业都属君子之教。不过，他们的授业同中有异：孔子虽有志于参政，只是仕途多舛，促使他看破世事。“天下有道则见，无道则隐。”（《论语·泰伯》）其授业重在引导弟子明君子与小人之别。在把握君子底线基础上，各自实现自己的价值追求，乃师则从旁加以矫正。孟子则不同。他虽也洞察“天下无道”，却有“当今之世舍我其谁”（《孟子·公孙丑章句下》）的自信，又以“得天下英才而教育之”（《孟子·尽心章句上》）的乐趣与期待。因此，其授业重在引导并激励弟子明大义，识大体，以天下为己任。

《孟子》一书中，记载师—弟子问对，共62次。其中万章和公孙丑各15次（各含乃师主动发问1次），公都子7次，陈臻4次，乐正克、高齐各3次，充虞、徐辟、屋庐子各2次，另有9人各1次。其中万章与公孙丑合计占一半。

从万章与公孙丑所提问题，可大致了解孟子授业中关注的问题（孟子主动发问各1次，未计入）（见表14.1）。

---

① 当时所谓“仁”及“忠”“孝”等，常被视为道德规范。其实，仍属“仁”之道（价值观念），有别于现代作为行为准则的“道德规范”。

表14.1　万章、公孙丑提问次数统计

提问内容	万章提问次数	公孙丑提问次数
士　礼	4	3
古　史	9	5（含诗2次）
从政抉择	1	0
乃师去从	0	4
其　他	0	2

表明在孟子授业中，古史所占比重最大，其次为士礼（含士之行止）。偶然提到从政，同弟子本身的行为表现关系并不密切。于此可见，孟子授业与孔子授业不同之处在于，在孟子授业中，未发现对同一问题因对象不同而作出不同解释的情况，偏重以蕴含在史事解说中的“先王之道”，影响弟子的价值观念，并无多少证据显示对弟子行为的具体指导。不过，以上单以弟子提问为素材作出的分析，解释力非常有限。如果联系到孟子整个的教育见解和其他言论，其“高致之教”的色彩将更为鲜明。

（四）拔高孔子倾向辟议

本节开头提到，程颐指点孔孟之教的区别，或有感而发。他有什么感触呢？

他在点明孔孟之教的区别之后，接着指出：“古之学者，优柔厌饫，有先后次序。今之学者，却只做一场话说，务高而已。”用现今的话说，便是“当写手”，做拔高的文章。他这么说，未必有影射孟子之教的意思。因为孟子也是“古之学者”。

其授业“常高致”，也不失为一种选择。因为“不高致则门人（一作道）不尊”。今人“务高而已”，是指夸大事实。孔子之教原本“常俯就”，但被后人拔高了。他举例说：“今之学者，往往以游、夏为小，不足学，然游、夏一言一事，却总是实。”不能因其低调，就无视历史上存在过这种事实。“如子路、公西赤言志如此，圣人许之，亦以此自是实事。”这正是孔子“俯就”的表现。甚至认为“假如人言孔子为圣人，也须直待己实见圣处，方可信”。然而，后之学者好高，如人游心于千里之外，然自身却只在此（程颐：《入关语录》）。

程颐之谓“今之学者”，早已成为现在的“古之学者”了。如此另类“古之学者”遗风，是否传承下来，不也值得“今之学者”深长思之么？

二、师—弟子问对比较

在纸张、印刷术发明以前，典籍集中于官府，民间藏书极为有限，教与学大抵以师—弟子间口耳相传为主。孟子所谓“君子之所以教者五”，“答问”为其中之一（《孟子·尽心章句上》）。考察《孟子》一书中所透露的师—弟子间的关系，尤其是他们之间问对的艺术，较之泛泛地议论孟子教育思想，当更接近于历史的真实。姑且就此一试。

（一）孟门弟子知多少

《孟子》一书分7篇，共260章。依问答形式，可把全书各章分为三类，即：孟子同其弟子间的问对（凡58章，在全书中占22.31%），孟子同弟子以外的人们间的问对（55章，占21.35%），此外，孟子独白（147章，占56.54%，其中有许多章很可能属于谈话情境漏记）。各章分类统计如表14.2所示：

表14.2　孟子同其弟子间的问对统计

人　名	章　数	人　名	章　数	人　名	章　数
乐正克	3	屋庐子	2	咸丘蒙	1
万　章	15	高　齐	3	桃　应	1
公孙丑	15	孟仲子	1	季孙子	1
陈　臻	4	充　虞	2	子叔疑	1
公都子	7	徐　辟	2	浩生不害	1
陈　代	1	彭　更	1	盆成括	1

注：所谓孟子弟子，以后世被封谥、祀于孟庙者（18人）为度（其中有几位是否算是弟子，尚属疑问）。此项统计数据（62章）与前项统计数据（58章）有出入。系因某些章涉及两名弟子。

表14.3　孟门师—弟子之间的称谓表

分　类　项	称　　谓	出　　处
师称弟子	子	《孟子·公孙丑章句上》 《孟子·滕文公章句下》 《孟子·离娄章句上》 《孟子·万章章句下》
弟子称师	先生	《孟子·离娄章句上》
	夫子	《孟子·公孙丑章句上》 《孟子·公孙丑章句下》 《孟子·滕文公章句下》 《孟子·离娄章句下》 《孟子·尽心章句下》

（续表）

分类项	称谓		出处
弟子自称	己名	克	《孟子·梁惠王章句下》 《孟子·离娄章句上》
		连	《孟子·告子章句下》
弟子对外人称师	孟轲		《孟子·梁惠王章句下》

清代崔述关于孟子弟子的指认，较为审慎，所列情况为：

称子者：乐正子、公都子、屋庐子

称名者：万章、公孙丑、充虞

或称子、或称名者：陈臻（亦称陈子）、徐辟（亦称徐子）

不知果为弟子与否者：陈代、彭更、咸丘蒙、桃应[①]

这较之列入封谥的孟门弟子名单，较为可信，唯以治学谨严著称的崔氏，似忽视在《孟子·尽心章句下·孔子在陈章》中一个奇怪现象：同一章，既称万章，又称万子。此外，《孟子》中三度提到的“高子”(《孟子·公孙丑章句下·孟子去齐章》《孟子·尽心章句下·山径之蹊章》《孟子·尽心章句下·禹之声尚文王之声章》)，是否指被称为孟门弟子的高齐？高齐这个名字，不知从何而来？崔氏未提及。

以上属于一般情况，以下将分别解析孟子同若干弟子之间

① 崔述.孟子事实录［M］//顾颉刚，编订.崔东壁遗书.上海：上海古籍出版社，1983：433-434.

问对的案例。

（二）孟门师—弟子问对例证

《孟子》中师—弟子问对，达4次（涉及4章）以上的，有万章（15次），公孙丑（15次），公都子（7次），陈臻（4次），此外，孟子与乐正克之间的谈话只有3次，别人打听乐正克情况，有2次。

1. 孟子同万章之间的问对

表14.4　孟子—万章问对统计表

序号	问对言论	问对出处	问对统计
1	万章问：宋，小国也，今将行王政，齐楚恶而伐之，则如之何？	《孟子·滕文公章句下》	一问一答
2	万章问：舜往于田，号泣于旻天，何为其号泣也？	《孟子·万章章句上》	二问二答
3	万章问：舜之不告而取，何也？	《孟子·万章章句上》	四问四答
4	万章问：象日以杀舜为事，立为天子，则放之，何也？	《孟子·万章章句上》	三问三答
5	万章问：尧以天下与舜，有诸？	《孟子·万章章句上》	五问五答
6	万章问：人有言："至于禹而德衰，不传于贤而传于子。"有诸？	《孟子·万章章句上》	一问一答
7	万章问：人有言："伊尹以割烹要汤。"有诸？	《孟子·万章章句上》	一问一答
8	万章问：或谓孔子于卫主痈疽，于齐主侍人瘠环，有诸乎？	《孟子·万章章句上》	一问一答

（续表）

序号	问对言论	问对出处	问对统计
9	万章问：或曰“百里奚自鬻于秦养牲者五羊之皮，食牛，以要秦穆公”，信乎？	《孟子·万章章句上》	一问一答
10	万章问友	《孟子·万章章句下》	一问一答
11	万章问交际何心？	《孟子·万章章句下》	八问八答
12	万章问：士之不托诸侯，何也？	《孟子·万章章句下》	七问七答
13	万章问：不见诸侯，何义？	《孟子·万章章句下》	五问五答
14	孟子谓万章曰……	《孟子·万章章句下》	有告无对
15	万章问曰：孔子在陈，何思鲁之狂士？	《孟子·尽心章句下》	五问五答

孟子同万章之间的问对，值得注意的是：

（1）万章的提问中，问现实的政治抉择1次；问士之礼、士之去从4次；问史多达9次。所议，同师—弟子双方行为无涉，大抵以求知为目的。

（2）14次问对中，一问6次，二问、三问、四问各1次，五问3次，七问1次，八问1次。体现弟子不断地追问，乃师不厌其烦地解答，可谓耐心之至。

（3）关于弟子提问的水平、乃师解答的水平，不妨举例说明（见表14.5、表14.6）。

表14.5 《孟子·万章章句上》问对分析（一）

	问答内容	评述
一问	舜往于田，号泣于旻天，何为其号泣也？	
一答	怨慕也。	
二问	父母爱之，喜而不忘；父母恶之，劳而不怨。然则舜怨乎？	引《礼记·祭义》所载曾子语，由孟子所谓“怨慕也”之“怨”，对舜之孝，表示怀疑。
二答	长息问于公明高曰：“舜往于田，则吾既得闻命矣；号泣于旻天，于父母，则吾不知也。”公明高曰：“是非尔所知也。”夫公明高以孝子之心，为不若是恝，我竭力耕田，共为子职而已矣，父母之不我爱，于我何哉？帝使其子九男二女，百官牛羊仓廪备，以示舜于畎亩之中。天下之士多就之者，帝将胥天下而迁之焉。为不顺于父母，如穷人无所归。天下之士悦之，人之所欲也，而不足以解忧；好色，人之所欲，妻帝之二女，而不足以解忧……人悦之、好色、富贵，无足以解忧者，惟顺于父母，可以解忧。人少，则慕父母；知好色，则慕少艾……大孝终身慕父母。五十而慕者，予于大舜见之矣。	公明高系曾子的弟子，长息系公明高的弟子。长息早向其师问过这个问题，其师未答。 ——凭什么代公明高立言？ ——“号泣于旻天”，“忧”乎？弟子问“怨”抑问“忧”？ ——“号泣于旻天”，“慕”乎？谁问“慕”？

表14.6 《孟子·万章章句上》问对分析（二）

	问答内容	评述
一问	《诗》云：“娶妻如之何？必告父母。”信斯言也，宜莫如舜。舜之不告而娶，何也？	

（续表）

	问答内容	评　　述
一答	告则不得娶。男女居室，人之大伦也。如告，则废人之大伦，以怼父母，是以不告也。	“告则不得娶”何能成为“不告而娶”的根据？“如告，则废人之大伦”，“必告父母”何解？
二问	舜之不告而娶，则吾既得闻命矣；帝之妻舜而不告，何也？	
二答	帝亦知告焉则不得妻也。	
三问	父母使舜完廪，捐阶，瞽瞍焚廪。使浚井，出，从而揜之。象曰：“谟盖都君咸我绩。牛羊父母，仓廪父母，干戈朕，琴朕，弤朕，二嫂使治朕栖。”象往入舜宫，舜在床琴。……不识舜不知象之将杀己与？	
三答	奚而不知也？象忧亦忧，象喜亦喜。	舜不痴而矫情。
四问	然则舜伪喜者与？	
四答	否。昔者有馈生鱼于郑子产，子产使校人畜之池。校人烹之，反命曰：“始舍之圉圉焉，少则洋洋焉，攸然而逝。”子产曰：“得其所哉！得其所哉！”校人出，曰：“孰谓子产智？予既烹而食之，曰：‘得其所哉，得其所哉’。”故君子可欺以其方，难罔以非其道。彼以爱兄之道来，故诚信而喜之，奚伪焉？	李贽评：“舜之喜，谓之非伪喜，便矫性情，但其伪处，正与‘言必信，行必果，硁硁然小人’不同耳。此其所以终收底豫之化也与？”（李贽：《四书评》），唯经孟子一辩，舜岂非矫情且痴！

舜受父母兄弟虐待、残害，“号泣于旻天”，“不告而娶”，均属人之常情；万章因“号泣于旻天”同所谓“父母恶之，劳而不怨”（曾子）的教条殊不合，“不告而娶”同娶一如既往“必告父母”(《诗》)的教条有悖，对舜之孝提出质疑，很自然；当年公明高对其弟子长息提出的同样问题，避而不答，亦不失为一种抉择；孟子在另一处还提到“舜不告而娶，为无后也，君子以为犹告也”(《孟子·离娄章句上》)，更属强词夺理。孟子道是“言无实不祥，不祥之实，蔽贤者当之”(《孟子·离娄章句下》)，“蔽贤者”，轲也。荀子曰：“案往旧造说，谓之五行，甚僻违而无类，幽隐而无说，闭约而无解……是则子思、孟轲之罪也。”(《荀子·非十二子》)虽不免责之过苛，亦有一定道理。

2. 孟子同公孙丑之间的问对

表 14.7　孟子—公孙丑问对统计

序号	问对言论	问对出处	问对统计
1	公孙丑问：夫子当路于齐，管仲、晏子之功，可复许乎？	《孟子·公孙丑章句上》	三问三答
2	公孙丑问：夫子加齐之卿相，得行道焉，虽由此霸王不异矣。如此，则动心否乎？	《孟子·公孙丑章句上》	十四问十四答
3	（孟子欲见齐王，齐王称病，约其次日朝见，次日孟子称病）公孙丑问：昔者辞以病，今日吊，或者不可乎？	《孟子·公孙丑章句下》	一问一答
4	（孟子为卿于齐，出吊于滕……未尝与之言行事也）公孙丑曰：……反之而未尝与言行事，何也？	《孟子·公孙丑章句下》	一问一答

（续表）

序号	问对言论	问对出处	问对统计
5	（孟子去齐，居休）公孙丑问：仕而不受禄，古之道乎？	《孟子·公孙丑章句下》	一问一答
6	公孙丑问：不见诸侯何义？	《孟子·滕文公章句下》	一问一七答
7	公孙丑问：君子之不教子，何也？	《孟子·离娄章句上》	一问一答
8	公孙丑问：高子曰："《小弁》，小人之诗也。"	《孟子·告子章句下》	三问三答
9	公孙丑问：乐正子强乎？	《孟子·告子章句下》	五问五答
10	公孙丑问：伊尹曰……贤者之为人臣也，其君不贤，则固可放与？	《孟子·尽心章句上》	一问一答
11	公孙丑问：《诗》曰"不素餐兮"，君子之不耕而食，何也？	《孟子·尽心章句上》	一问一答
12	（齐宣王欲短丧）公孙丑问：为期之丧，犹愈于已乎？	《孟子·尽心章句上》	二问二答
13	公孙丑问：道则高矣，美矣，宜若登天然，似不可及也。何不使彼为可几及而日孳孳也？	《孟子·尽心章句上》	一问一答
14	孟子曰："不仁哉，梁惠王也……"公孙丑问：何谓也？	《孟子·尽心章句下》	一告一问一答
15	曾晳嗜羊枣，而曾子不忍食羊枣，公孙丑问：脍炙与羊枣孰美？	《孟子·尽心章句下》	二问二答

孟子同公孙丑之间的问对，较之他同万章之间的问对，略有不同。

公孙丑的提问中，问孟子行止4次，因孟子言论而问1次，问《诗》、问史各2次，问士去从之礼3次，其他3次；万章以问史为主，所问未涉及孟子去从，可见二人同其师的关系有别。

15次问对中，一问9次，二问、三问各2次，十四问1次。追问多达13次，均得到回答，足见乃师之耐心。

孟子答问中，不耐烦的情况也存在，如：

公孙丑问：宰我、子贡善为说辞，冉牛、闵子、颜渊善言德行。孔子兼之，曰："我于辞命则不能也。"然则夫子既圣矣乎？

孟子答：恶！是何言也？昔者子贡问于孔子曰："夫子圣矣乎？"孔子曰："圣则吾不能，我学不厌而教不倦也。"子贡曰："学不厌，智也；教不倦，仁也。仁且智，夫子既圣矣！"夫圣，孔子不居，是何言也？

公孙丑问：昔者窃闻之：子夏、子游、子张皆有圣人之一体，冉牛、闵子、颜渊则具体而微。敢问所安？

孟子答：姑舍是。

（《孟子·公孙丑章句上》）

指责弟子所提问题"恶，是何言也"，以及"姑舍是"——撇开这个问题不议，在孟门师—弟子问对中，较为罕见。这不是教的态度，主要是对孔子的看法问题——不容许动摇孔圣人的权威！

3. 孟子同乐正克之间的问对

孟门弟子中，唯一被追封为侯爵的是乐正克，其余弟子17

人被追封为伯爵，《韩非子·显学篇》提到儒家八派中“有乐正氏之儒”，郭沫若指实为乐正克，[①]梁启超则认为曾子弟子乐正子春。[②]不过，《孟子》一书中关于孟子同乐正克交往的记载甚少，从公孙丑、浩生不害分别打听乐正克其人，可知乐正克早已出山，后来的弟子对他不了解。

当鲁国命乐正克主政时，孟子听到这个消息后，“喜而不寐”，高兴得难以入眠，引起公孙丑好奇，遂向孟子打听：

公孙丑曰：“乐正子强乎？”

曰：“否。”

“有知虑乎？”

曰：“否。”

“多闻识乎？”

曰：“否。”

“然则奚为喜而不寐？”

曰：“其为人也好善。”

“好善足乎？”[③]曰：“好善优于天下，而况鲁国乎？……”

（《孟子·告子章句下》）

另一弟子浩生不害也向孟子打听：

① 郭沫若.十批判书［M］.北京：东方出版社，1996：131.

② 梁启超.韩子浅解［M］.北京：中华书局，1960：492.

③ “好善足乎”一说，在别处，孟子则又认定“徒善不足以为政”（《孟子·离娄章句上》）。

浩生不害问曰："乐正子何人也？"

孟子曰："善人也，信人也。"

"何谓善？何谓信？"

曰："可欲之谓善，有诸己之谓信。充实之谓美，充实而有光辉之谓大，大而化之之谓圣，圣而不可知之之谓神。乐正子，二之中，四之下也。"

（《孟子·尽心章句下》）

《孟子》一书中，关于孟子同乐正克的直接交谈有两次。

一次是在孟子去鲁时，乐正克向鲁平公推荐乃师，因嬖人从中作梗而未果：

乐正子见孟子，曰："克告于君，君为来见也。嬖人有臧仓者沮君，君是以不果来也。"

曰："行或使之，止或尼之。行止，非人所能也。吾之不遇鲁侯，天也。臧氏之子焉能使予不遇哉？"

（《孟子·梁惠王章句下》）

一次是乐正克赴齐，被孟子教训了两次：

乐正子从于子敖［齐之盖大夫王，字子敖］之齐。

乐正子见孟子。孟子曰："子亦来见我乎？"

曰："先生何为出此言也？"

曰："子来几日矣？"

曰："昔昔。"

曰："昔昔，则我出此言也，不亦宜乎？"

曰："舍馆未定。"

曰："子闻之也，舍馆定，然后求见长者乎？"

曰："克有罪。"

（《孟子·离娄章句上》）

其实，乐正克受乃师责备，失礼，未及时拜访其师，尚属次要，主要还是对他同子敖勾结吃喝的行为看不惯：

孟子谓乐正子曰："子之从于子敖来，徒餔啜也。我不意子学古之道，而以餔啜也。"

（《孟子·离娄章句上》）

孟子同万章、公孙丑的多次交谈，既未涉及此二人的行为，也未对他们作出评价，同他们的谈话，以分辨是非、探讨问题为主，唯对乐正克提出尖锐的批评。

（三）师—弟子问对艺术的进展

把孟子同其弟子之间的对话，同孔门师—弟子问对相较，不难发现他们之间的区别。

孔子常常同二三弟子相聚一堂，自由交谈，或要颜回、子路"盍各言尔志"（《论语·公冶长》），或问子路、曾皙、冉有、公西华"如或知尔，则何以哉？"（《论语·先进》），弟子们在夫子身边，或“訚訚如也”，或“行行如也”，“侃侃如也”者，亦有人在。“子乐”，孔子很高兴（《论语·先进》）。就《孟子》所记，孟子同其弟子，基本上是一对一交谈。

孔子往往针对弟子品性、行为发表评说，对于弟子的提问，往往根据不同提问者的品性、行为，作出不同的回答。如：

子路问：“闻斯行诸？”子曰：“有父兄在，如之何其闻斯行之？”冉有问：“闻斯行诸？”子曰：“闻斯行之。”公西华曰：“由也问闻斯行诸，子曰‘有父兄在’；求也问闻斯行诸，子曰‘闻斯行之’。赤也惑，敢问。”子曰：“求也退，故进之；由也兼人，故退之。”

（《论语·先进》）

对同一个问题，答案因人而异，遂被称为因材施教；孟子同万章、公孙丑谈话，各15次，同公都子谈7次，同陈臻谈4次，议论孟子行为，倒也常见，却甚少以弟子品性、行为为话题。除前面提到的对早已出山的弟子乐正克的评价及批评外，曾批评高齐“山径之蹊间，介然用之而成路。为间不用，则茅塞之矣。今茅塞子之心矣。”（《孟子·尽心章句下》）正由于如此，孟子给予弟子的答案，不因人而异，较为确定。

孔门弟子善问，所问似不及孟门弟子刁钻，像万章，就一系列历史难题质疑，简直使乃师应付不迭；同时，孔子弟子虽也讲究追问，如重问、问“其目”、问“何加”、问“奚先”、问“其次”……大都属于在一个平面上追问，而孟门弟子三问、五问以及十四问，往往是向深层探问。

相比之下，孔门师—弟子问对，形成了教育氛围；孟门师—弟子问对更近于教弟子学，求知色彩较浓。

孔子标榜，“自行束脩以上，吾未尝无诲焉”（《论语·述而》），孟子设科，亦有“往者不追，来者不拒”之说（《孟子·尽心章句下》）；不过孔子并非来者不拒让孺悲吃闭门羹，就是一例（《论语·阳货》），他也不是有问必答：“不曰‘如之何，如之何’者，吾未如之何也矣！”（《论语·卫灵公》）其实，孟子也是如此。“挟贵而问，挟贤而问，挟长而问，挟有勋劳而问，挟故而问，皆所不答也”（《孟子·尽心章句下》），“予不屑之教诲者，是亦教诲之而已矣！”（《孟子·告子章句下》）

第十五章

荀子教育说

一、教化说

先秦儒家的治国之道，或为仁政、德治，或为礼治，都以教化为题中应有之义。关于教化是何意思，在孔孟著作中单音词“教”的含义往往有待分辨。如有教无类之“教”，究竟泛指教化，还是专指（或兼指）孔子授业，就颇费斟酌。好在《荀子》中，除使用单音词“教”以外，还累用“教化”一词。便于把握教化的要义。

（一）教化要义

关于“教化”一词的出典，《辞海》援引《礼记·经解》及《诗·周南·关雎序》。《荀子》或早于上述著作论及教化问题。

在《荀子》中，单音词“教”26见，“教化”8见，同教化义近的“政教”8见，“法教”1见。此外还有同“教化”有别的“教诲”7见。

儒家教化的要义，荀子表达如下。

1. 治教不二，官师一体，即教为礼治题中应有之义，从而以君为师，以官为师，以吏为师。概言之，“上者，下之师也”（《荀子·强国》），教为各级治者应尽之职。相应地居上位者不仅要“正身行”，堪为百姓表率，重要的是其“政令教化，刑下如影”（《荀子·臣道》），“夫下之和上，譬之犹响之应声，影之象形也”（《荀子·强国》）。这正是“影响”一词的出典。

这就是说，政令如得到百姓的响应，以至化民成俗，便是礼治的教化功效。如孟子所谓“王者之民，皞皞如也。杀之而不怨，利之而不庸，民日迁善而不知为之者”。这自然不是说“礼教杀人不用刀”，原意是“君子所过者化，所存者神”（《孟子·尽心章句上》）。

《说文》解“教”字为“上所施，下所效也”。便出于此意。

2. 先教，即教而后用，教而后兵，教而后刑。如果要使政令如形如声，从而对民发生“影”“响”。起码先得使百姓对政令有所了解，然后再依法行政。故“先教”为教化题中应有之义。鉴于当时普遍存在“不教而战”“不教而杀”的弊端，滥用民力，草菅人命，孔子指其“以不教民战是谓弃之”（《论语·子路》）、“不教而杀谓之虐”（《论语·尧曰》）。孟、荀亦有同感。

（二）教化职责

在治教不二、官师一体体制下，教化为治者应尽职责。关于各级部分治者的职责，荀子在《王志》篇对“序官”的设想如表15.1所示：

表15.1　各级部分治者职责表

治　者　名　称	治　者　职　责
乡师（乡至州级地方官）	顺州里，定廛宅，养六畜，间树艺，劝教化，趋孝弟，以时顺修，使百姓顺命，安乐处乡，乡师之事也。
大师（乐官之长）	修宪命，审诗商，禁淫声，以时顺修，使夷俗邪音不敢乱雅，大师之事也。
宰相	本政教，正法则，兼听而时稽之，度其功劳，论其庆赏，以时慎修，使百吏免尽而众庶不偷，冢宰之事也。
诸侯	论礼乐，正身行，广教化，美风俗，兼覆而调一之，辟公之事也。
天子	全道德，致隆高，綦文理，一天下，振毫末，使天下莫不顺比从服，天王之事也。

尽管这只是关于王制的设想，在荀子看来，职分而民不慢，次定而序不乱，兼听齐明而百事不留。“如是，则臣下百吏至于庶人莫不修己而后安正，诚能而后敢受职，百姓易俗，小人变心，奸怪之属莫不反悫，夫是之谓政教之极。”（《荀子·君道》）

（三）教诲

话虽如此，正如《礼记·经解》所见：“礼之教化也微，其止邪也于未形，使人日迁善远罚而不自知也。”

教化，可算是“以不教为教”。前一个“教”字为动词，指教的动作；后一个“教”字为名词，指称之为教的影响。单从教育的角度看来，“以不教为教”，才能在对象心目中发生实实在在的善的影响。然而，这并不表示“不教”就自然发生教的效应。教化之说实以“善政”（礼治）为教。

问题在于这种无形之教很难迅速见效。故孟子有道是：“仁言不如仁声之入人深也，善政不如善教之得民也。善政民畏之，善教民爱之。善政得民财，善教得民心。”（《孟子·尽心章句上》）

且不说“善政”与“善教”相比，究竟何者更得民心，无论孟子还是荀子，都无意以善政代善教，以教化代教诲。

“诲”，《说文》解为“晓教”。相对于无形的教化，为自觉程度不同的引导或指教。

《荀子》中，“教诲”7见，如表15.2所示：

表15.2 《荀子》中的“教诲”统计表

含义	内　　容	出　　处
开导	教诲开导成王，使谕于道，而能揜迹于文武。	《荀子·儒效》
	彼国者，亦强国之剖刑已。然而不教诲，不调一，则入不可以守，出不可以战。教诲之，调一之，则兵劲城固，敌国不敢婴也，彼国者亦有砥厉，礼义节奏是也。	《荀子·强国》
	父能生之，不能养之；母能食之，不能教诲之。君者，已能食之矣，又善教诲之者也。三年毕矣哉！	《荀子·礼论》
	治之道，美不老，君子由之佼以好。下以教诲子弟，上以事祖考。	《荀子·成相》

（续表）

含义	内　　容	出　处
立学	不富无以养民情，不教无以理民性。……立大学，设庠序，修六礼[1]，明七教[2]，所以导之也。《诗》曰："饮之食之，教之诲之。"王事具矣。	《荀子·大略》

注［1］："六礼"指冠、婚、丧、祭、乡和相见礼。
注［2］："七教"指父子、兄弟、夫妇、君臣、长幼、朋友和宾客。

以上诲下，以长诲幼，原在情理之中，依照"不教无以理民性"之理，"立大学"，"设庠序"，或在教化之列。尽管在列国争霸的乱世，兴学尚待时日，然而荀子率先提出"学恶乎始，恶乎终"问题，并尝试加以解答（《荀子·劝学》）。证明他并不以"政教""礼义教化"为满足。

（四）修身之教

儒家以修身为本，相对于外在的政教与教诲，更关注的则是"以善先人者谓之教"。它是以修身为本，从相关行为的比较中，得出的教的概念，相应地推论出师的价值观念。

关于这个问题，《荀子·修身》篇中的论证如下。

荀子所谓"以善先人者谓之教"，出自《荀子·修身》。《修身》篇中的此章，曾给同"修身"相关的一系列概念下定义，似表明这是荀子有关"教"的一般见解；但它不是一个孤立的定义，其外延须同与其对举的概念联系起来，才能确定。其言曰：

以善先人者谓之教，以善和人者谓之顺；以不善先人者谓之谄，以不善和人者谓之谀。

（《荀子·修身》）

根据这种语境，可以认为这里所谓“教”，不同于教化、政教之“教”，而属个人修身行为；作为个人行为，又不同于较为正规的教弟子学的那种“教”。

以上为修身中着眼于对别人施加影响的一面，至于修身中自我判断、自我抉择和面对别人影响所应作的抉择为：

见善，修然必以自存也；见不善，愀然必以自省也。

善在身，介然必以自好也；不善在身，菑然必以自恶也。

（《荀子·修身》）

由此决定君子、小人在个人同别人关系上的不同（见表15.3）。

表 15.3 君子、小人在个人同别人关系上的比较

君子	小人
非我而当者，吾师也。	修正为笑，至忠为贼。
是我而当者，吾友也。	谏争者疏。
谄谀我者，吾贼也。	谄谀者亲。

这，不啻是“教”与“顺”的注脚：

教——以善先人——非我而当者——师

顺——以善和人——是我而当者——友

反之，非我而不当者，谈不上“以善先人”，无所谓教，其人不足为师；是我而不当者，谈不上“以善和人”，无所谓顺，其人不堪为友。

“以善先人者谓之教”，很可能是中国最早给“教”下定义的尝试。它实际上是在“非我而当”意义上为个人认同的教，并且只是为君子认同的教——而小人对它，或一笑置之，或以为“贼”；但它把善作为教（去声，今第四声）题中应有之义，使“教”字成为规范词，实深得教育之精义。

二、学之终始说

荀子提出“学恶乎始，恶乎终”，是一个令人感兴趣的问题。中国先秦时期所谓“教”，一词多义，多指教化；所谓“学”既指学习，又是施教机构的泛称，作为实体的“学”，往往倒更近于较为正规的“教”。关于先秦之“学”，就连孔孟授徒设学的情境，至今还是所知不多，误解不少。甚至连关于学的构想也若明若暗。荀子正式提出学之始终之说，虽仍指一般意义上的学习，不失为谋求使学正规化的尝试。不管是否可行，总算提出了明确的分层次的学业程序与修身目标，唯其中有些概念尚待辨析，关于学之终始的总体构想，亦值得推敲。

荀子在回答“学恶乎始，恶乎终”问题时，明确提出：“其数则始乎诵经，终乎读礼；其义则始乎为士，终乎为圣人。”

(《荀子·劝学》)一“数”一“义”，双重规定，意味深长。

关于“数”与“义”，唐代学者杨倞注：“数，术也”，“义，谓学之意，言在乎修身也”。今人或把“数”注为“课程门类”，亦有人解为“课程顺序”，不免有以今人眼光望文生义之嫌。[①]

（一）为学之数：始乎诵经，终乎读礼

学之始——经——政事之纪也

学之终——礼——法之大分、类之纲纪也

关于“经”，杨倞解为《书》《诗》。其根据大抵为荀子后文有言：“故书者，政事之纪也；诗者，中声之所止也；礼者，法之大分、类之纲纪也。”唯后人从荀子的申述中，疑“始乎诵经”之“经”为“书”之误。因为已有“五经”观念者对于不以“礼”为“经”，难以认同。这又牵涉到对于“礼”的理解。

关于“礼”，杨倞解为“典礼之属”，即不属经之列，同“始乎诵经”之说不相抵牾。唯“礼”非“经”，何须“读”？清代校勘学家卢文弨所校《荀子》，疑杨倞所注“典礼”为“曲礼”之误，仿佛杨氏本来就不存“礼非经”之见；若解“礼”为《礼记》之《曲礼》，不仅对礼的解释过于狭窄，亦同荀子“始乎诵经”之说不谐。

关于所诵之“经”，究竟何所指，从荀子屡次提到经籍之处（见表15.4），可以揣度。

① 荀子所谓“诵数以贯之”(《荀子·劝学》)、“诵数之儒”(《荀子·正名》)，均同“课程”之义殊为不合，而《商君书》所谓“故为国之数，务在垦草”，可作“数”为“术”之意参证。

表 15.4 《荀子》所提经籍统计

经　　籍	内　　　　容	出　　处
《礼》《乐》《诗》《书》《春秋》	《礼》之敬文也,《乐》之中和也,《诗》《书》之博也,《春秋》之微也,在天地之间者毕矣。	《荀子·劝学》
《诗》《书》《礼》《乐》	况夫先王之道，仁义之统,《诗》《书》《礼》《乐》之分乎！彼固天下之大虑也，将为天下生民之属，长虑顾后而保万世也……夫《诗》《书》《礼》《乐》之分，固非庸人之所知也。	《荀子·荣辱》
《诗》《书》《礼》《乐》《春秋》	圣人也者，道之管也。天下之道管是矣，百王之道一是矣，故《诗》《书》《礼》《乐》之（道）为是矣。《诗》言是，其志也;《书》言是，其事也;《礼》言是，其行也;《乐》言是，其和也;《春秋》言是，其微也。	《荀子·儒效》
《春秋》《诗》	不足于行者，说过；不足于信者，诚言。故《春秋》善胥命，而《诗》非屡盟，其心一也。	《荀子·大略》
《诗》《易》《礼》	善为《诗》者，不说；善为《易》者，不占；善为《礼》者不相，其心同也。	《荀子·大略》

《荀子》一书中存在把“先王之道”或儒家整理的经籍，“三分”“四分”“五分”并提的情况（见表15.5）。

表 15.5 《荀子》对儒家经籍的分类情况

分　　类	内　　　　容	出　　处
三分	《书》《诗》《礼》	《荀子·劝学》
	《诗》《易》《礼》	《荀子·大略》
四分	《诗》《书》《礼》《乐》	《荀子·荣辱》

（续表）

分　类	内　容	出　处
五分	《礼》《乐》《诗》《书》《春秋》	《荀子·劝学》
	《诗》《书》《礼》《乐》《春秋》	《荀子·儒效》

值得注意的是：

1. 尽管《史记》提到孔子以诗书礼乐教弟子，在《论语》中，至多提到“不学诗，无以言；不学礼，无以立”（《论语·季氏》），“兴于诗，立于礼，成于乐”（《论语·泰伯》），而未见《诗》《书》《礼》《乐》并提。孟子作为孔子的私淑弟子，既未提到孔子以什么典籍教弟子，他本人虽经常引用《诗》《书》，间或提到《礼》，亦提到过《春秋》，却未提供自己以什么典籍教弟子的暗示。在《孟子》中，亦未见《诗》《书》《礼》《乐》并提的记载。这是由于孔孟通常把《诗》《书》《礼》《乐》主要当作事情谈论，并非当作经典议论。而荀子才堪称“以《诗》《书》《礼》《乐》教弟子”的倡导者。

2.《诗》《书》《礼》《乐》情况尚且如此，说孔子行“六艺”之教，更成为问题。

孔子提到“加我数年，五十以学《易》，可以无大过矣”（《论语·述而》），证明他知道《易》，并大体上知道它是一种什么性质的书，至于学了没有，何时始学，难以论定。郭沫若注意到荀子在《劝学》《荣辱》《儒效》诸篇中，未把《易》同《诗》《书》《礼》《乐》并称，而间或引证《易》，故断言荀子系在晚年“蒙佯狂之色”时才治《易》,[1]可备一说。不过荀子晚年偶有把《易》同别的经籍并提的情况也不容忽视。

这不仅证明所谓孔子“六艺”之教，证据不足，且显示荀子对后来确定“五经”地位的影响。

综上所述，荀子既然确立经的意识，又把诸经典并称，所谓“始乎诵经”，当把诸经包括在内。不仅周礼及士礼是“法之大分，类之纲纪”的直接依据，其余经典也都体现礼制精神。故“始乎诵经，终乎读礼”可理解为从诵诸经入手，而把蕴涵于其中的道义，落实在“法之纲纪，类之大分”的礼制上。否则诵读岂不是流于空谈?

（二）为学之义：始乎为士，终乎为圣人

荀子认定:“学数有终，若其义则不可须臾舍也。为之，人也；舍之，禽兽也。”“其义则始乎为士，终乎为圣人也。”(《荀子·劝学》）他在《荀子·儒效》《荀子·修身》中对个人修身的过程有过多次表述，可作为学之义的注脚（见表15.6)。

表15.6　荀子对个人修身过程的表述统计

类　别	以学区分	以修身区分	以对法的态度区分
士	行之，曰士也。	行法态坚，不以私欲乱所闻，如是，则可谓劲士矣。	好法而行，士也。

① 郭沫若.十批判书［M］.上海：东方出版社，1996：153.

（续表）

类　别	以学区分	以修身区分	以对法的态度区分
君子	敦慕焉，君子也。	行法志坚，好修正其所闻，以矫饰其惰性；其言多当矣，而未谕也；其行多当矣，而未安也；其知虑多当矣，而未周密也。上则能大其所隆，下则能开道不己若者。如是，则可谓笃厚君子矣。	笃志而行，君子也。
圣人	知之，圣人也。	修百王之法，若辨黑白；应当时之变，若数一二；行礼要节而安之，若生四枝；要时立功之巧，若诏四时；平正和民之善，亿万之众而博若一人。如是，则可谓圣人矣。	齐明而不竭，圣人也。

不妨把荀子所谓“士”“君子”“圣人”观念，放在先秦社会阶层与儒家思想文化背景上考察。

士：古代“学以居位曰士”（《汉书·食货志上》），士为四民之一。在这个意义上，“始乎为士”，其实也就是“学以居位”。“为士”，是学的起码要求。

君子：在先秦，同小人对举的君子，原为对贵族的尊称。《书·无逸》：“君子所其无逸。”孔颖达疏引郑玄注：“君子，止为在官长者。”《左传·襄公九年》记知武子所谓“君子劳心，小人劳力”，更显示了君子与小人的身份区别。不过，春秋末年以后，君子作为有德者的泛称，主要是道德概念。其实，孔子已经着重在道德人格的意义上使用君子、小人概念。

圣人：本义为“通”。《书·洪范》有“睿作圣”之说。《说文·耳部》解“圣”为“通也”。唯其如此，古代常把圣人作为理想人格的化身。孔子认定唯有“博施于民而能济众”者，如尧、舜等才堪称圣人（《论语·雍也》）；先秦儒家常以尧、舜、禹、汤、文王、武王和周公为圣，形成道统；孟子倒扩大了圣人范围：“伯夷，圣之清者也；伊尹，圣之任者也；柳下惠，圣之和者也；孔子，圣之时者也。孔子之谓集大成。”（《孟子·万章章句下》）由于拓宽了关于圣人的视野，后人遂把孟子也尊为圣人。

关于如何成为圣人，《论语》载：

太宰问于子贡曰：“夫子圣者与？何其多能也？”

子贡曰：“固天纵之将圣，又多能也。”

子闻之，曰：“太宰知我乎？吾少也贱，故多能鄙事。君子多乎哉？不多也。”

（《论语·子罕》）

圣的本义为通，故太宰（官名，或吴或宋）以多能为圣。子贡认定作为圣人的乃师，为“天纵之”；而孔子则认为自己多能，出于自幼“多能鄙事”。尽管如此，后来的儒家多从子贡之说，认定孔子“故天纵之将圣”，而荀子肯定圣人为“人之所积而致也”。

相对说来，孔孟所谓君子、小人，虽有身份区分之义，主要为道德人格范畴。他们所谓士、君子、圣人，主要为道德人格修养的不同层次，而荀子认定学之义：从士到君子，从君子到圣人，不断追求，主要不是道德人格的完善，而是实践智慧的拓宽与加深。

（三）壹教壹学

荀子揭示了学之术与学之义的过程。依他之见，无论是学之术的拓宽还是学之义的提升，都有赖于专心致志，一以贯之的孜孜以求。这便是“君子壹教，弟子壹学，亟成”（《荀子·大略》）。何谓壹？按照荀子的解释：“曷谓壹？曰：执神而固。曷谓神？曰：尽善挟治之谓神，[曷谓固？曰：]万物莫足以倾之之谓固。”[①]（《荀子·儒效》）概言之，壹，执神而固，为“执持精神坚固”之意，即专心致志；“亟”有迫切、屡次诸义。荀子提出的这个命题，可以直解为：君子专心致志地教，弟子专心致志地学，常常可以成功。说“笃定成功”，似更传神。

荀子称：“凡治气、养心之术，莫径由礼，莫要得师，莫神壹好。”（《荀子·修身》）他把“壹”同“师”“礼”“法”并称，合为修身中治气、养心之道，以礼–法为捷径，以得师为要领，而唯有专心致志才可达到出神入化的境界。于此不难看出，壹在荀子治气、养心之术中的地位。

---

① “尽善挟治”：唐代杨倞注，挟读为浃；浃，周洽也。清代王念孙解：挟与浃同，全体皆善，故曰尽善，全体皆治，故曰挟治。王引之称，此句“万物”上当有“曷谓固？曰”四字，王先谦认定“王说是”（王先谦：《荀子集解》）。

关于“君子壹教，弟子壹学，亟成”，荀子曾反复举例说明（见表15.7）。

表15.7　壹教壹学举例

概括语	内　　容	出　　处
积善成德	积土成山，风雨兴焉；积水成渊，蛟龙生焉；积善成德，而神明自得，圣心备焉。故不积跬步，无以至千里；不积小流，无以成江海。……螾无爪牙之利，筋骨之强，上食埃土，下饮黄泉，用心壹也；蟹六跪而二螯，非蛇、蟺之穴无可寄托者，用心躁也。……故君子结于壹也。	《荀子·劝学》
积善而全尽谓之圣人	故积土而为山，积水而为海，旦暮积谓之岁，至高谓之天，至下谓之地，宇中六指谓之极，涂之人百姓，积善而全尽谓之圣人。……居楚而楚，居越而越，居夏而夏，是非天性也，积靡使然也。	《荀子·儒效》
圣人，人所积而致也	今使涂之人者以其可以知之质、可以能之具，本夫仁义之可知之理、可能之具，然则其可以为禹明矣。今使涂之人伏术[1]为学，专心壹志，思索孰察，加日县久，积善而不息，则通于神明、参乎天地矣。故圣人者，人之所积而致也。	《荀子·性恶》
壹而能精	故好书者众矣，而仓颉独传者，壹也；好稼者众矣，而后稷独传者，壹也；好乐者众矣，而夔独传者，壹也；好义者众矣，而舜独传者，壹也。倕作弓，浮游作矢，而羿精于射；奚仲作车，乘杜作乘马，而造父精于御。自古及今，未尝有两而能精者也。	《荀子·解蔽》

注［1］：杨倞：“伏术，伏膺于术。”王念孙曰：“术者，道也。服术，犹言事道。”

壹，执神而固，积善成德，习艺而精，为普遍之理，而君子之壹同农、贾、工之壹有别："农精于田而不可以为田师，贾精于市而不可以为市师，工精于器而不可以为器师。有人也，不能此三技而可使治三官[1]，曰：精于道者也，精于物者也。精于物者以物物，精于道者兼物物，故君子壹于道而以赞稽物。壹于道则正，以赞稽物则察，以正志行察论，则万物官矣。"（《荀子·解蔽》）

说"圣可积而致"，事实上并非人人都可入圣。可不可，是一个问题；肯不肯、能不能，则是另一个问题："故小人可以为君子而不肯为君子，君子可以为小人而不肯为小人。小人、君子者，未尝不可以相为也，然而不相为者，可以而不可使也。故涂之人可以为禹则然，涂之人能为禹未必然也。"（《荀子·性恶》）

三、师说

中国古代处在学无常师阶段，以致"师"一词多义。单就同修学、修身相关的情况而论，如《书·皋陶谟》所谓"百僚师师"，孔安国传："师师，相师法。"前一个"师"为动词，效法之义；后一个"师"为名词，指被效法之人。唯被效法之人，未必是作为常师的业师，即授业之师。时至春秋末期，由于私学出现，在士阶层中萌生师徒关系，从而突破学无常师的格局。

[1] 三官：指田师、市师、器师。

然而在很长时期里，并未从根本上改变学无常师的基本格局。

孔子是堪称师表，率先成为众多弟子的业师，并对众多弟子提供较为有效的指导，然而在他所处的时代，他没有也不可能把人师作为普遍的命题加以讨论。时至战国后期，随着设学授业案例增加与授业经验积累，荀子也就可能把“师”作为有待解决的课题加以陈述，形成带有概括性的“师说”。

荀子师说包括师法说、人师说、师术说与隆师说。唯在不同语境中，作为名词之“师”，指称的对象不同。

（一）“师”字指称的对象

荀子所处时代，“教”一词多义。在不同之教和“教”字不同用法中，“师”字指称的对象不同。

在礼治（或法治）观念中，治教不二，官师一体，即以治为教，以吏为师。

在教非专职的状态中，学无常师，以堪效法者为师。在师徒关系中，以业师为常师。荀子师说可证（见表15.8）。

表15.8 “教”“师”含义梳理

类　　型	“教”的含义	“师”的含义
治教不二，官师一体	临事接民而以义，变应宽裕而多容，恭敬以先之，政之始也；然后中和察断以辅之，政之隆也；然后进退诛赏之，政之终也……言先教也。（《荀子·致士》）	且上者，下之师也，夫下之和上，譬之犹响之应声，影之象形也。（《荀子·强国》）

（续表）

类　　型	“教”的含义	“师”的含义
治教不二，官师一体	父能生之，不能养之；母能食之，不能教诲之。君者，已能食之矣，又善教诲之者也。（《荀子·礼论》）	且上者，下之师也，夫下之和上，譬之犹响之应声，影之象形也。（《荀子·强国》）
教非专职，学无常师	以善先人者谓之教，以善和人者谓之顺。（《荀子·修身》）	故非我而当者，吾师也；是我而当者，吾友也。（《荀子·修身》）
设学之教，授徒为师	聚人徒，立师学，成文曲，然而说不免于以至治为至乱也。（《荀子·正论》）	孔子曰：“如垤而进，吾与之；如丘而止，吾已矣。”今学曾未如疣赘，则具然欲为人师。（《荀子·宥坐》）
	孔子曰：“……老而不教，死无思也。……老思死则教。”（《荀子·法行》）	

可见，当时“治教不二”与“治教分途”状态同在，“官师一体”与“官师有别”现象累见，常师与非常师共存。故对《荀子》一书中提到的“师”，须具体分析。不能一概而论。

值得注意的是，治教分途，常师与非常师共存，为春秋以还学术下移后的趋势。“治教不二，官师一体”则是先秦儒家，尤其是荀子的礼治价值取向。

（二）师法说

荀子反复提到“师法”，并加以论述。其师法之说有别于尔后汉代的师法之规。因为他主张礼治，并以礼为法，即所谓

“礼者，法之大分、类之纲纪也”（《荀子·劝学》）。法依礼而立，礼为应用法律规范。故“非礼，是无法也”（《荀子·修身》）。依礼立法，以礼为规，为荀子礼治题中应有之义。

依礼立法是一回事，至于礼治得以有效实现，则诉之于师。其中的道理，根植于性恶论的人性判断。

表 15.9　荀子师法说要义

类　别	内　　容	出　处
人性与礼法	今人之性，生而好利焉，顺是，故争夺生而辞让亡焉；生而有疾恶焉，顺是，故残贼生而忠信亡焉；生而有耳目之欲，有好声色焉，顺是，故淫乱生而礼义文理亡焉……故必将有师法之化、礼义之道，然后出于辞让，合于文理，而归于治。	《荀子·性恶》
	今人之性恶，必将待师法然后正，得礼义然后治。今人无师法则偏险而不正，无礼义则悖乱而不治。古者圣王以人之性恶，以为偏险而不正，悖乱而不治，是以为之起礼义，制法度，以矫饰人之情性而正之，以扰化人之情性而导之也。始皆出于治，合于道者也。	《荀子·性恶》
师与礼	礼者，所以正身也；师者，所以正礼也。无礼何以正身？无师，吾安知礼之为是也？礼然而然，则是情安礼也；师云而云，则是知若师也。情安礼，知若师，则是圣人也。故非礼，是无法也；非师，是无师也。不是师法而好自用，譬之是犹以盲辨色，以聋辨声也，舍乱妄无为也。故学也者，礼法也。夫师，以身为正仪而贵自安者也。	《荀子·修身》

（续表）

类别	内容	出处
以师法化性成积	故人无师无法而知则必为盗，勇则必为贼，云能则必为乱，察则必为怪，辩则必为诞。人有师有法而知则速通，勇则速威，云能则速成，察则速尽，辩则速论。故有师法者，人之大宝也；无师法者，人之大殃也。	《荀子·儒效》
	人无师法则隆性矣，有师法则隆积矣，而师法者，所得乎情，非所受乎性，不足以独立而治。性也者，吾所不能为也，然而可化也；情也者，非吾所有也，然而可为也。注错习俗，所以化性也；并一而不二，所以成积也。	

关于士君子进德修业，荀子相对于先天的人性，把后天的师与礼、法合称师法，并以此为化性起伪的正途。其师法观念，同尔后汉代的师法之规有别。

两汉之际，由于历经秦火，经籍难求，先王经典及其训诂、句读皆赖经师口授。某一经师被立为博士之后，其经说便称为“师法”。《汉书·胡毋生传》称：“惟嬴守学，不先师法。”即指经师嬴公能严格传承乃师胡毋生的《春秋公羊传》；不仅如此，同一师法，弟子相传，又别为章句，便成家法。师法、家法均不得更动，否则便罢用。清代皮锡瑞称：“汉人最重师法，师之所授，弟子所授，一字毋敢出入。背师之说即不用，师法之严如此。”（皮锡瑞：《经学历史》）真可谓“师云而云”。

荀子在先秦诸子中，率先将“经”字作“经典”解。关于

“学恶乎始，恶乎终?”他的回答是:“始乎诵经，终乎读礼。”(《荀子·劝学》)似乎“礼”不属于“经”，而是礼仪。[①]不过，如果“礼”非指经，为何称为“读礼”?

荀子称:“《书》者，政事之纪也;《诗》者，中声之所止也;《礼》者，法之大分、类之纲纪也。故学至乎《礼》而止矣。夫是之谓道德之极。”又说:“《礼》之敬文也,《乐》之中和也,《诗》《书》之博也,《春秋》之微也，在天地之间者毕矣。”(《荀子·劝学》)足见其对经籍评价之高。然而他更加重视的，是堪称“人师”之人，而不是死的经典:“《礼》《乐》法而不说,《诗》《书》故而不切,《春秋》约而不速。方其人之习君子之说，则尊以遍矣，周于世矣。故曰学莫便乎近其人。”(《荀子·劝学》)梁启超一语破的:“此言贵得师友，胜于读书。”

荀子不但把死的书本同活的人相比，突出向师友学习的意义，而且把经籍同礼法相比，突出礼法的意义:“学之经莫速乎好其人，隆礼次之。上不能好其人，下不能隆礼，安特将学杂识志，顺《诗》《书》而已耳，则末世穷年，不免为陋儒而已。”“不道礼宪，以《诗》《书》为之，譬之犹以指测河也，以戈舂黍也，以锥飡壶也，不可以得之矣。”(《荀子·劝学》)一旦讲到礼法，联系到以上关于师礼对举、师法对举之见，可知最终还是突出师的作用。足见不能以后来汉代的师法眼光，看待荀子关于师法的见解。

综上所述，若把前人的师法之见放在特定的历史背景上加

---

① 周予同.经·经学·经学史［M］//朱维铮，编.周予同经学史论著选集.2版.上海：上海人民出版社，1996：651.

以审视，就不宜按今人尺度对其妄加贬抑。

荀子无意把教师的每句话当作法律。他是在“正礼”（即正法）的意义上强调“师云而云”的。这样，他所谓“师云而云”便无异于“礼云而云”“法云而云”。正如在近代法制中，对于法不可随意解释一样，认定礼、法以“师云”为正解，旨在“舍乱妄无为也”。

荀子虽然率先提出经典概念，却明确指出先秦典籍意义的有限性。他的师法之见较汉代师法之规开明。

鉴于古代经籍异常珍贵，难以搜求，易于湮没。为数有限的典籍和关于经籍的训诂句读，主要靠口耳相传，故即使是汉代师法，也属经历秦火浩劫之后，保存历史遗产的良法。假定汉代无师法、家法之规，焉知中国上古史与经学史会混乱到什么地步？

（三）人师说

荀子师法说中所谓“师”，虽或包括经师在内，但主要是指人师，尤其是指堪为人师的君师（见表15.10）。

表15.10 荀子“师”解

类型	内容	出处
上者为下者之师	且上者，下之师也，夫下之和上，譬之犹响之应声、影之象形也。故为人上者不可不顺也。……然则凡为天下之要，义为本而信次之……故为人上者，必将慎礼义、务忠信然后可。此君人者之大本也。	《荀子·强国》

（续表）

类型	内容	出处
堪为人师之君师	王［秦昭襄王］曰："然则其为人上何如？"孙卿曰："其为人上也广大矣：志意定乎内，礼节修乎朝，法则度量正乎官，忠信爱利行乎下……四海之内若一家，通达之属莫不从服，夫是之谓人师。"	《荀子·儒效》
	王者之等赋、政事，财万物，所以养万民也。……四海之内若一家，故近者不隐其能，远者不疾其劳……夫是之谓人师，是王者之法也。	《荀子·王制》
	临武君［楚人春申君曾要使其为将］曰："善！请问王者之军制。"孙卿子曰："将死鼓，御死辔，百吏死职，士大夫死行列……不杀老弱，不猎禾稼……四海之内若一家，通达之属莫不从服。夫是之谓人师。"	《荀子·议兵》
毋妄为人师	孔子曰："如垤而进，吾与之；如丘而止，吾已矣。"今学未如疣赘，则具然欲为人师。	《荀子·宥坐》

由此可见，荀子所谓人师，非如后人在同经师对举语境中的人师，而指堪为人师的君师。那么他在什么意义上谈所谓人师呢？这同"以善先人者谓之教"的观念相关，且把"教"理解为如"影之象形""响之应声"的"影响"。其形其声，非指授业，而指礼治。

（四）师术说

如果说人师说是在礼治意义上议论君师问题，那么师术说则是同业师相关的论题。

荀子称："师术有四，而博习不与焉：尊严而惮，可以为师；耆艾而信，可以为师；诵说而不陵不犯，可以为师；知微而论，可以为师。"（《荀子·致士》）

关于这段陈述，以往和现今多有注解，唯这些注解大都就字解字。由于忽视从总体上把握这段陈述的语境，所解的有些字义，倘若孤立地看来，并无不当，而放置在特殊语境中，不免有失原意。故有辨析的必要。

荀子在议论师术之初，首先表示"博习"与此无干，或表示撇开"博习"不议。在就师术问题发一通议论后，重申"博习不与焉"。其中"博习"何义？为什么指其与师术问题无干？

梁启雄注释此句时，援引刘师培之说，《初学记》《太平御览》并引"博习"作"传习"，义较长（梁启雄：《荀子简释》）。

"传习"，《论语》有"传不习乎"之句。朱熹注："传，受之于师；习，谓熟之于己。"尔后，或谓"传习"为受师教后进行诵习。

"博习"，同为师，并非无干，相反，同荀子所提到的师术相比，孤陋寡闻，更不堪为师。唯一般以为只要"博习"，就足以为人师，而荀子不仅认定"多知而无亲，博学而无方，好多而无定者，君子不与"（《荀子·大略》）。而且恰恰要撇开"博习"，专论师术，从而使师道问题的探讨深入一步。

"传习"，不仅同为师相关，而且同师术有涉。其义"较长"，或在于此。故改字解经，有失原意。

关于荀子所谓师术中各个要点的含义，都还值得斟酌。

1.“尊严而惮”

在此章之前一章，荀子认定：“君者，国之隆也；父者，家之隆也。隆一而治，二而乱，自古及今，未有二隆争重而能长久者。”显示出对权威的重视。师之尊严与“隆一而治”同理。

问题在于“惮”的含义。首先，究竟是师之“惮”，还是弟子之“惮”？“惮”，畏也，震撼也。以往或解为“敬畏”，遂成弟子之“惮”，或解为“庄重”，而与“尊严”义重；唯遍观在此一术中，“惮”同“尊严”相互制约，为小心翼翼之意，属师之“惮”。此一术，意为既威严又谨慎。

2.“耆艾而信”

古代有“五十曰艾，六十曰耆”（《礼记·曲礼上》）之说。依荀子之见，年过半百，方得为师。“老师、老师”，无老不成师。

此种规范，今人难以理解。“古者匹夫五十而士。”（《荀子·大略》）所谓“士”，在春秋之际，大抵为卿、大夫的家臣，或与其地位相当者。秦汉以后，“学以居位曰士”（《汉书·食货志上》），才形成“四民”之一的“士”。欲问古人为士何其晚也，荀子似乎从另一侧面作出回答：“天子、诸侯子十九而冠，冠而听治，其教至也。”（《荀子·大略》）换句话说，匹夫之教，迟至。平民出师较晚，遂使“师”同“老”联系起来。孔子所谓“老而不教，死无思也”，“老思死则教”（《荀子·法行》）；“幼不能强学，老无以教之，吾耻之”（《荀子·宥坐》），可资参证。不过，荀子并不认为年过半百者皆可为师，老而信，才可为师。这是以往注家大都忽视之点。

3.“诵说而不陵不犯”

既诵读解说，所诵所说，又不陵不犯。其中所谓“陵”，原指丘陵，引申义有磨砺、逾越、欺侮等。荀子此语中“陵”字，以往或解为“逾越”，梁启超解为“陵乱”，恐不尽恰当。

荀子此论，“不陵不犯”与“诵说”相对，其中，“陵”又与“犯”各执一端，依此语境，“陵”当为“平”，即既诵说，又不平，亦不过头。

解“陵”为“平”，是否有根据呢？《汉书·成帝纪》有“帝王之道，日以陵夷”之说。颜师古注为：“陵，丘陵也。夷，平也。言其颓替若丘陵之渐平也。”王念孙对此解持异议，认定“陵、夷皆平也”（王念孙：《读书杂志·汉书十六》）。

4.“知微而论”

以往注家或称“论”与“伦”通（郝懿行），不免又生改字解经之嫌。此术实为既知微（不泛泛而谈）而又中理之意。荀子认为“少不讽，壮不论议，虽可，未成也”①（《荀子·大略》），何况师者？

中国古代所谓“术”，有技术、手段、策略诸义。如《史记·张仪列传》：“始尝与苏秦俱事鬼谷先生学术。”《韩非子·定法》：“术者，因任而授官，循名而责实，操生杀之柄，课群臣之能者也。”荀子所谓“师术”，指的是师之方略。其中贯穿一种中庸之道，故又可称其为中庸的“师道”②。

---

① 今本“讽”下或缺“诵”字，似可据王先谦《荀子集解》及《大戴礼记》补一“诵”字。

② “师道”有三义。(1) 犹师承、师传。《汉书·匡衡传》：“望之［萧望之］奏衡经学精习，说有师道，可观览。”(2) 指求师之道，如“师道之不传也久矣”（韩愈：《师说》）。(3) 指为师之道，如“皇太子以聪睿之姿，通明经义……臣师道已尽，皆在太子”（《后汉书·桓荣传》）。笔者恩师萧承慎教授早就有见及此（萧承慎.师道征故［M］.贵阳：文通书局，1944：1.）。荀子未用“师道”一词，所说“师术”，实同师之道相关。

依此师道，不仅“博习”不足以为师，就连“尊严”“耆艾”“诵说”“知微”，也不配为人师；反之，肆无忌惮、时陵时犯等更不配为人师。以往注家，就字解字，或改字解经，增字解经，虽可疏通字义，由于忽视整个陈述的语境，遂未发现隐在“四术”中的中庸之道，亦可算是“知微”而不“论”之一例。

（五）隆师说

荀子隆师说的要义在于，以隆师亲友为修身之道，更以贵师重傅为治国之策。表15.11中的言论可证。

表15.11　荀子隆师说要义

类　型	内　　容	出　处
以隆师亲友为修身之道	见善，修然必以自存也；见不善，愀然必以自省也；善在身，介然必以自好也；不善在身，菑然必以自恶也。故非我而当者，吾师也；是我而当者，吾友也；谄谀我者，吾贼也。故君子隆师而亲友，以致恶其贼。好善无厌，受谏而能诫，虽欲无进，得乎哉！	《荀子·修身》
	凡治气养心之术，莫径由礼，莫要得师，莫神一好。夫是之谓治气养心之术也。	《荀子·修身》
	夫人虽有性质美而心辩知，必将求贤师而事之，择良友而友之。得贤师而事之，则所闻者尧舜禹汤之道也，得良友而友之，则所见者忠信敬让之行也。	《荀子·性恶》
以贵师重傅为治国之策	礼有三本：无地者，生之本也；先祖者，类之本也；君师者，治之本也。……故礼，上事天，下事地，尊先祖而隆君师，是礼之三本也。	《荀子·礼论》

（续表）

类　型	内　　　容	出　处
以贵师重傅为治国之策	圣也者，尽伦者也；王也者，尽制者也。两尽者，足以为天下极矣。故学者以圣王为师，案以圣王之制为法，法其法以求其统类，以务象效其人。向是而务，士也；类是而几，君子也；知之，圣人也。	《荀子·解蔽》
	国将兴，必贵师而重傅，贵师而重傅则法度存。国将衰，必贱师而轻傅，贱师而轻傅则人有快，人有快则法度坏。	《荀子·大略》

上述言论表明，隆师说中之谓“师”，所指主要不是君师，也非普通的业师，而是堪称圣贤之师。至于礼之三本中提到的君师，从“圣王之制”一语中可知为君与师。至少后世是作为君与师使用的。这便成为后世“天、地、君、亲、师”牌位的先声。唯此牌位中之“亲”，已不限于先祖，其中之“师”也不限于圣贤。遂使在世的祖辈、双亲及业师沾光。由于“天高皇帝远”，而至亲与业师为直接交往者，从而使晚辈及弟子随时可以履行其应尽的义务，也或多或少增加他们未必合理的负担。

此外，关于“国将兴，必贵师而重傅，贵师而重傅则法度存”一说，清代学者俞樾曰：

下文云“贱师而轻傅则人有快[①]，人有快则法度坏”。据此，则“贵师而重傅”下疑有阙文。[②]

① “快”，王先谦解为“人有肆意”。
② 王先谦.荀子集解［M］.北京：中华书局，2012：494.

看来俞樾的怀疑，不无道理。不过他未作补缺尝试。根据荀子所谓“师者所以正礼也”，“故非礼，是无法也”（《荀子·修身》）。阙文或为“贵师而重傅［则人有礼，人有礼］则法度存”。说明师之贵贱与礼之存废相关，礼之存废与法之存亡相关。这便是荀子的师法之论。

第十六章

荀子主外说与孟子主内说

一、性善论与性恶论比较

“教育”拉丁文原词educare，原意为“引出”，表明教育从一开始就属于关于善从何来的一种概念。这种概念称为内发论（又称主内说），《说文解字》中把“教”表述为“上所施，下所效也”。虽然《说文解字》之谓“教”，尚属“治教不二”之“教”，隐于治中之教，实指教化，同近代“教育”并不完全相当，又非同教育无干。它是关于教育影响发生的另一种假定，即有别于内发论的外铄论（或称主外说）。

主内说与主外说之“内”“外”区分如何确定？一般来讲，以个人内在素质与主观努力为“内”，以来自个人以外的影响为“外”。其中，“内”又可再分为个人先天素质（内中之内）与后天努力（内中之外）；“外”，又有环境与教育之别，这就是近代教育学常常提到的遗传、环境与教育对个人影响问题。唯在教育实体化、制度化之前，环境与教育可分，又不可分。如荀子所谓“干越、夷貉之子，生而同声，长而异俗，教使之然也”（《荀子·劝学》），即以环境影响为教。18世纪启蒙思想家爱尔维修“教育万能”之论，实即环境决定论，[①]都属此例。

关于个人先天素质，又有性恶论、性善论及其他假设。从古代直到近代，在这些关于人性的不同假设中，引申出关于教育在个人成长中作用以及教育手段取向的争议；直到现代社会本位教育理论取代人本位教育理论的优势地位以后，源于人性不同假设发生的教育理论的争议才告平息。不可忽视的是，实践唯物主义的确立和现代遗传生理学、心理学研究成果，为遗传、环境与教育在个体发展中的作用问题的解决，奠定了理论基础。尽管如今再一味死啃“遗传、环境、教育在个人成长中的作用”这个冷馒头，已经没有多大意思，但为了清理教育思想的源流，还不能不重理这段旧公案。这里拟把孟子主内说与荀子主外说加以比较。

中国古代主内说以孟子为代表，主外说以荀子为代表。

孟子明确提出性善的假定。他以仁、义、智为善的诸范畴，认定：

君子所性，仁、义、礼、智根于心。

（《孟子·尽心章句上》）

---

① 马克思，恩格斯.神圣家族［M］//中共中央马克思恩格斯列宁斯大林著作编译局，编译.马克思恩格斯全集·第二卷.北京：人民出版社，2016：169.

恻隐之心，人皆有之；羞恶之心，人皆有之；恭敬之心，人皆有之；是非之心，人皆有之。恻隐之心，仁也；羞恶之心，义也；恭敬之心，礼也；是非之心，智也。仁、义、礼、智非由外铄我也，我固有之也，弗思耳矣。

（《孟子·告子章句上》）

恻隐之心，仁之端也；羞恶之心，义之端也；恭敬之心，礼之端也；是非之心，智之端也。人之有四端也，犹其有四体也。

（《孟子·公孙丑章句上》）

反之，荀子以礼、义为“善”，却以性恶为假定：

人之性恶，其善者伪也。

（《荀子·性恶》）

孟子曰：“人之学者，其性善。”曰：是不然。是不及知人之性，而不察乎人之性、伪之分也。凡性者，天之就也，不可学，不可事；礼义者，圣人之所生也，人之所学而能、所事而成者。不可学，不可事、而在人者谓之性，可学而能、可事而成之在人者谓之伪。是性、伪之分也。

（《荀子·性恶》）

生之所以然者谓之性。性之和所生，精合感应，不事而自然谓之性……心虑而能为之动谓之伪。虑积焉、能习焉而后成谓之伪。

（《荀子·正名》）

从孟、荀言论中，不难证明，前者从性善的假定中，引出主内的结论，后者以性恶为前提，推导出主外之说。问题在于孟、荀所处时代，“治”与“教”、“教”与“德”、“学”与“修身”以及“教”与“学”，尚属可分可合的概念，这同今人所谓教育在当时尚未形式化、实化体相关。故若作孟子主内说与荀子主外说比较的尝试，须确立较为可靠的比较项，且以他们所说之“教”（隐性之教）与“学”（较为显性之教）为视角，进行比较（见表16.1）。

表16.1　孟子主内说与荀子主外说的比较

教的类型	教的含义	教的对象	孟子主内说	荀子主外说
教（隐性之教）	教化（以治为教，治教不二）	民	一国之所慕，天下慕之，故沛然德教溢于四海。（《孟子·离娄章句上》）	不富无以养民性，不教无以理民性……庆赏刑罚，通类而后应，政教习俗，相顺而后行。（《荀子·大略》）
			王者之民，皞皞如也，杀之而不怨，利之而不庸，民日迁善而不知为之者。夫君子所过者化，所存者神。（《孟子·尽心章句上》）	上则能尊君，下则能爱民，政令教化，刑下如影，应卒遇变，齐给如响……是圣臣者也。（《荀子·臣道》）
			不教而用之，谓之殃民。（《孟子·告子章句下》）	故不教而诛则刑繁而邪不胜，教而不诛则奸民不惩……（《荀子·富国》）

（续表）

教的类型	教的含义	教的对象	孟子主内说	荀子主外说
学（较为显性之教）	学、修身（教与德）	士	设为庠序学校以教之。（《孟子·滕文公章句上》）	立大学，设庠序，修六礼，明七教，所以道之也。（《荀子·大略》）
			学问之道无他，求其放心而已矣。（《孟子·告子章句上》）	君子博学而日参省乎己，则知明而行无过矣。（《荀子·劝学》）
			尽信《书》则不如无《书》。吾于《武成》取二三策而已矣。（《孟子·尽心章句下》）	《礼》《乐》法而不说，《诗》《书》故而不切，《春秋》约而不速。方其人之习君子之说，则尊以遍矣，周于世矣。故曰学莫便乎近其人。（《荀子·劝学》）

二、孟、荀授业价值观念比较

人的思想是复杂的。孟、荀都属儒家，他们的思想中，有同中之异，有异中之同，非简单的只言片语所能尽意。以上所列，只属他们同中之异的大概情形，尚需加以申述。

1. 关于教，孟、荀都有先教之见，主张实行教化，即以治为教，一则以仁政化民，一则以礼治化民。孟子从性善的假定出发，认定人人先天具有善端，故“人皆可以为尧舜”（《孟子·告子章句下》)。唯有仁政，才足以化民；荀子同样承认“涂之人可以为禹”，但不以为是由善端所致，而认为“圣可积而致”(《荀子·性恶》)，“人无师法则隆性矣，有师法则隆积矣。……注错习俗，所以化性也；并一而不二，所以成积也”(《荀子·儒效》)。

所谓“治教不二”，以治为教，是在仁政或礼治的意义上谈的。在儒家看来，并非任何治都足以化民。孟子认为“善政不如善教之得民也”，“善政，民畏之；善教，民爱之。善政得民财，善教得民心”(《孟子·尽心章句上》)。其中所谓“政”，为“民畏之”“得民财”之治，即法治。强调“民爱之”“得民心”之“治”，即有“教化”意义的仁政；荀子虽也提倡“礼义教化”，却意识到教化的局限性：“教而不诛，则奸民不惩。”他从性恶假定出发，主张礼法兼施：“故古者圣人以人之性恶，以为偏险而不正，悖乱而不治，故为立君上之势以临之，明礼义以化之，起法政以治之，重刑法以禁之，使天下皆出于治，合于善也。”(《荀子·性恶》)

2. 关于学，孟子把人的感性称为“小体”，以理性为“大体”。他认为人的耳目之欲相同，人心（理、义）也该相同。所谓理，指一般道理，义为道德规范。人的区别全在于“从其大体”（以理性制约感性）与“从其小体”（受自发欲望支配，而泯灭原本具有的善端）。“从其大体为大人，从其小体为小人。”(《孟子·告子章句上》)由于他以性善为前提，关于学，一言以蔽之：“学问之道无他，求其放心而已矣。”“求放心”，可直解为求（找回）放（散失）了的心（仁爱之心）。求放心之途在于内省、反求诸己、修身养性，故一般称其为主内说。

荀子从明性伪之分入手，认定“性也者，吾所不能为也，然而可化也；情也者，非吾所有也，然而可为也。注错习俗，所以化性也；并一而不二，所以成积也”（《荀子·儒效》）。关于学，荀子的基本命题是“化性起伪”“积靡使然”：“故人知谨注错，慎习俗，大积靡，则为君子矣；纵性情而不足问学，则为小人矣。”（《荀子·儒效》）由于他持性恶之见，认定“人之性固小人，无师无法则唯利之见耳”（《荀子·荣辱》），也就比孟子更加注重控制人的性与情，即人之欲，但不同于“求放心”。他不但不赞成复归于天性，而且反对复归天性：“济而材尽，长迁而不反其初则化矣。”（《荀子·不苟》）

至于“注错习俗”之“注错”（错置），也不同于修身养性，而重师法：“人无师法则隆性矣，有师法则隆积矣。”（《荀子·儒效》）师法即“化性起伪”之“伪”（人为）的主要之点；作为一种主外之说，并非全然漠视内心修养。《荀子》一书开宗明义：“学不可以已”，“君子博学而日参省乎己，则知明而行无过矣”。“参省”，即检验考察，亦属内心修养的功夫。

综上所说，中国先秦的主内说之“内”，就以民为对象之教来说，实属以外（治）化内，关于以士为对象的学，才可称为主内，但所强调的是自我修养，而不是自我价值。修身养性的实际含义是以反映家–国需求的观念与规范（天理）消融（化）个人需求（人欲），相对于教之化，是一个学之化的过程。它只在有别于单纯外在强制的意义上，可归入主内说，不过这种旨在以否定自我价值为价值的学说，实属“形内实外”之论。

主外说之外，就以民为对象之教而论，外的外延比主内说之外更广，把法、刑涵盖在内，为地道的主外之见；就以士为对象的学而论，以师与法高于个人修养，唯主外说同样讲求教与学之化，同近代主外说有别。

孟、荀都倡庠序之教（学），不过在战国时期，庠序只是思想家头脑中的幻影，好在他们并不像后代学者那样，抓住这个抓不住的幻影，大肆敷衍。唯其如此，他们所谓教、学，大抵属于治中之教及同治相关之学，同德又有不解之缘，故先秦的主内说与主外说，基本上属于当时尚未分化的哲学、政治、伦理范畴。

这类学说，尤其是主内说，对中国古代教育虽有影响，但由于古代教育尚未达到制度化程度，所以直到后来也未形成教育影响发生路线。

孟子的主内说与荀子的主外说，虽存在尖锐的分歧，但由于他们处在共同的大时代背景下，他们倡导的“教化”与“学化”，都以家-国价值化个人价值，以个人无价值为价值，并力求达到“无我”境界，成为“圣人”。其实，就连至高无上的“大成至圣先师”孔子，距离这种境界，也还远得很。但不必认定这类理论在当时不该存在，也无须否定它们对中国古代社会尔后的发展意义。因为整个古代都还处在“人的依赖关系”时代；随着这个时代的结束，古代的教化与学化，连同它们的辩护理论，才丧失其原有的价值。

孔子授业研究独白

假如人言孔子为圣人，也须直待己实见圣处，方可信。

——程颐：《入关语录》

研究真的孔子，以《论语》一书为唯一材料，固然比较可靠，但诸位还应该知道，它的忠实性仍旧不是绝对的。

——周予同：《孔子》

第十七章

孔子授业研究的心路历程

本人并非教育历史研究的专业人员，只是由于自己的教育基础理论研究取向为：对教育问题进行历史的、逻辑的分析，作为教育价值判断的依据。故一向对教育历史比较关注，并不介意自己提供什么教育历史研究成果。由于在自己人生的一个拐点，一不小心，才介入孔子授业研究，且一发而不可收。这是怎么一回事呢？

一

本人所在的学校，原规定教授65岁退休。1996年，忽改为63岁退休。本人正当其时。当年5月间，原打算做的事情，也就不打算做下去了。距离办理退休手续还有两个月，无事可做。正如老孟轲所说："我无官守，我无言责也，则吾进退岂不绰绰然有余裕哉？”（《孟子·公孙丑章句下》）于是，正好利用这个多年来难得的闲工夫，做自己想做的事情，遂钻进了故纸堆，写了一堆以孔子授业为主题的札记。由于自己毕竟是教育历史研究的外行，当时遂把两个月中匆匆草就的近10篇札记，一并请杜成宪博士审阅，蒙他提出不少宝贵意见。这是本人参与孔子授业研究的第一个阶段。

次年，偶然察觉孟子与荀子的言论有助于对孔子授业的理解。例如，有关“教化”“先教”的认识，从孔子到孟子、荀子，一个比一个更深入；孟子、荀子对“有教无类”的见识，更合乎情理；孟门师—弟子问对时，可资同孔子比较。荀子对儒家经典在授业中的运用有新的见识，等等。于是，索性又花了两个多月时间，写了一堆以孟子、荀子授业为主题的札记。这批札记的原意，不在于考究孟子、荀子如何继承和发展孔子的事业，而重在窥测其案例与思路，便于同孔子授业比较，以增进对孔子授业的了解。故把这批札记作为孔子授业研究的续作。这是本人参与孔子授业研究的第二个阶段。

本人在较短时间里，写了一堆又一堆札记，是由于平时常把《论语》之类古籍作为闲书来读，并且早就做了大量资料分类整理工作。

最近若干年间，越来越觉得自己以往迷恋教育历史考辨，却拙于叙事，遂转而作叙事的尝试。其中包括把通常认为孔子教育思想的诸问题，如“有教无类”“启发”“因材施教”“学而优则仕”等，当作授业中的情况与问题，重新加以审视，尤其是对孔子授业中的情况与问题重新加以审视，尤其是把孔子授业作为中国授业文化的源头，放在古今授业文化对比与中西授业文化对比的背景下来考虑。在此基础上，陆续撰写了20余篇以孔子授业为主题的随笔。这便是本人参与孔子授业研究的第三个阶段。

撰写这些随笔，不仅在于或多或少洗刷添加在孔子授业上的涂抹，间或拿如今在自己授业上贴孔圣人标签的把戏开心，重要的还是促使自己以平常心看待孔子授业。真正的收获倒是开始对自己原先所写的那摞札记发生了疑问。

在产生疑问后，起初的想法倒也简单，打算把随笔中的意思融入早就写就的札记中。事实上由于思路不同，比重写一遍还要困难，而自己原无写一本什么专著的打算。如此日居，月储，一堆字迹日益模糊、稿纸逐渐发黄的手稿，反而成为自己的一个心病。

二

这么一搁，若干年又过去了。在进退两难的情况下，不得已便把先后写成的东西，按原样投稿。其中不无就此打住之意。到如今，这批稿件居然已经陆续发表了。唯其如此，从2010年开始，忽又萌生把已经发表的稿件集成一帙的念头。

然而，走回头路并非易事。在校阅稿件过程中，不禁重新产生疑问：难道孔子就是这样授业么？由于已经发表的那些稿件都带有专题研究的性质。所谓专题，大抵为人们耳熟能详的题目。如“有教无类”“子以四教”“学而不思则罔，思而不学则殆”“因材施教”等。难道诸如此类断言，足以表示孔子授业的行为么？诸如此类言论，虽出自孔门，却未必是孔子授业中普适性的原理、原则。孔子的政治理想、伦理价值取向、思维方式是一以贯之，其行为方式（包括授业）却“无适、无莫”。“丘也”，圆活得很，怎同教条主义有缘？本人起初试图用懒办法处理稿件，即对原稿稍作改动，把同一题目的随笔作为“后记”。结果只能是“剪不断，理还乱”。可见，“外行人好苦啊！”

不过，思虑及此，也就容不得再犹豫和懈怠了。于是，转向把孔子授业作为一个整体，重新加以考虑。经过反复推敲，终于快刀斩乱麻，理出了一条思路，并按照初步形成的思路，重新整理原先的稿子。每篇稿子的改动虽然不大，由于对问题的看法有了变化，孔子授业整体的轮廓开始较为清晰。虽不敢断定孔子就是如此授业，但经过孔子授业研究的第四个阶段，至少自己心目中孔子授业的疑因，算是解开了。

就这样，历时十五载，经过四个阶段的摸索，虽然忽冷忽热，“热来时热得在蒸笼里坐，冷来时冷得在冰凌上卧”，总算了却又一桩心愿。

第十八章

孔子授业研究的价值取向

为什么要研究孔子授业？是否有可能对孔子授业获得大致了解？如何使这种研究较为接近历史的真实？这些都属同孔子授业研究的价值取向相关问题。这里只就这些问题做一些力所能及的探讨。

一

为什么以孔子授业为研究的主题呢？

教师的本职为授业，即教子弟学，至于传道与否，解惑与否，均为授业中的问题。虽然不以授业为本职者，亦可传道或解惑，而在职业分工意义上，他们不在教师之列。只是在学无常师时代，“师”的含义较为模糊。唯其如此，关于孔子，本人关注的，不是他的什么教育思想，而是他到底如何授业。

孔子授业，毕竟是去今年代久远的往事，如今关注它，不仅由于《论语》提供不少可资参考的素材，还由于孔子授业作为中国授业文化的源头，具有同中国后来的授业文化比较的价值，以及中西授业文化比较的价值。至于在孔子授业问题上正本清源、去伪存真，也是研究者应尽的责任。

不得不承认，严格说来研究孔子如何授业，是一个无法解决的难题。这不仅由于今人无缘得见“史之阙文”，更由于按照常理，每个时代人们关于所处时代的记载，一般主要关注在当时人们看来值得记载的东西，无须记载当时众所周知的事情。然而，正是习以为常的情况，才是某种事情的基本的事实。这种基本事实，正是后人无从得知又难以体察的情况。

不仅如此，关于这位夫子，在其身后，不断发掘许多典籍，经历代学者考证、注疏，且形成许多研究派别。各种著作早已汇成知识的海洋，令人望洋兴叹。本来由于对孔子授业的基本情况就不甚了了，后人又容易根据变化了的时代中的经验事实，忖度孔子授业的情形，这便是“以今度古”。加之，出于意识形态方面的缘由，或“畏圣人之言”，或“侮圣人之言”，不免添油加醋，或断章取义，遂使夫子身上的涂抹越来越厚。其中，由于这位夫子早已成为“大成至圣先师”，涂抹在其授业上的油彩更光更亮，以致今人同原生态孔子之间的距离，虽谈不上比两千四百多年“时间差”长，而单是刮一刮堆积在其身上厚重的积淀，已经难上加难了。

二

如此说来，关于孔子授业，我们还能做些什么呢？

好在《论语》尚存，可供我们从中捕捉某些同授业相关的信息。其实有些是直接信息，有些属辅助信息。这类信息虽不足以使我们对孔子授业有较为清晰的了解，却较为可靠。对我们来说，关于孔子授业，能了解多少是多少，不求全，不求系统化，也不求甚解，这就够了。总比随意敷衍踏实一些。

关于孔子授业，本人的研究取向可大致归结为：首先不在于做什么，而在于不做什么。不在于提供什么看法，而在于撇开什么看法，即去除对原始资料的先入之见，排除阅读障碍。主要通过对原始资料的分析与综合，了解孔子的授业。这种尝试为：

（一）不把孔子在一定场合对弟子发表的言论看成是什么“法则”

例如，通常把孔子所谓“不愤不启，不悱不发，举一隅不以三隅反，则不复也”视为授业的法则，甚至还美其名曰“启发式”。如是，那就无法解释孔子对其弟子发表的许许多多言论，到底因什么“愤”而“启”，因什么“悱”而“发”，更无法解释弟子如何“举一反三”，才使孔子“复［讲］也”。可见，孔子何尝把此一判断作为自己授业必须遵循的法则？

（二）不轻易把孔子授业中寻常的现象上升为什么“原则”

例如，孔子对不同弟子问到的同一个问题，往往作出不同的回答。其中较为典型的例子，是子路、冉有都问“闻斯行诸”，乃师则给出截然相反的答案。据他本人解释，这是由于“求也退，故进之”，“由也兼人，故退之”。其实，这原是一种寻常的现象。因为这是一个同个人行为选择相关的问题。即使是普普通通的家长，也不致“子也退，故退之，女也进，故进之”。然而，后人从诸如此类现象中概括出称之为“因材施教”的原则，虽未尝不可，但若因此而认是孔子会针对不同的“材”设计不同的“教”，焉知不是对夫子的强求？如因此而根据《先进·德行章》对于十弟子之长的记载，倒果为因，认定孔子“设（分）科授徒”，岂不是同当时条件下可能发生的情况相去甚远？

（三）不轻信、不滥用前人有关孔子授业的权威论断

《史记》称，孔子以诗书礼乐教弟子。如此判断，想必不无根据。问题是在什么意义上断定孔子以诗书礼乐教弟子？可以肯定的是，在司马迁所处时代，尚未形成课程、教材之类概念。他想到的，无非是周代的“六艺”。所以，他不致有孔子以诗书礼乐为课程，或以《诗》《书》《礼》《乐》为教材的想法。至于孔子授业中的实际情况，恐怕还是《论语》中传递的信息更为可靠。

由于孔子授业以师—弟子问对为基本方式，孔子之讲为辅助方式。因此，也就可以从弟子所问，孔子所问、所答、所讲中，判断他们所学、所授之业。根据《论语》记载，孔子多次谈到诗礼乐的价值，师—弟子问对中，偶尔有弟子问到《诗》或《书》中个别句子，间或引证《诗》《书》中个别句子。只是

这种情况少之又少；孔子以礼乐为伦理价值判断的基本标准。于此可见，孔子以诗书礼乐教，所言不虚，如此而已。如果孔子确以诗书礼乐为四门课程，且以《诗》《书》《礼》《乐》为教材，他作为“跨时代的伟人”自然更加伟大。可惜这样的夫子被其弟子及再传弟子漏记了。

本人持有上述研究取向，出于以下观点。

不以孔子教育思想为研究对象，主要关注孔子授业问题，把孔子授业作为一个文化问题观察。因为尽管孔子授业同其教育思想相关，然而，他即使已经形成同教育相关的这种或那种思想，其思想未必都能在其授业中有效地实现。何况孔子治世、治国意识及伦理价值观念虽“一以贯之”，涉及行为选择（其中包括授业中的行为），他总是“无适、无莫”，因情势与具体对象而定。“丘也”，非教条主义者可比。

尽管世人无法再现孔子授业的原貌，而尽可能地洗刷出于不同动机，以各种堂皇的理由添加于其上的涂抹和过量包装，并不是做不到的事情。虽然去除外在的堆积以后，露出来的依然不见得是其本相，至少不失为对历史和先贤的尊重。这便是治史不可或缺的史德。

三

自然，对不恰当的研究倾向说“不”，充其量只能排除研究的障碍，依然未能回答孔子授业“是什么”的问题。那么如何证明孔子授业“是什么”呢？

本人研究的取向为：把《论语》中提供的同孔门师—弟子交往相关的信息，全面地加以分析。把相关信息归类，或从同类信息中作出概括，或把不同类的信息加以比较，用不同或相反的信息互相验证校正；以平常心看待同孔子授业相关的信息，避免使孔子授业在古今授业文化对比与中西授业文化对比中错位。通过如此尝试，对孔子授业的初步了解为：

1. 它是一种君子之教，这种君子之教按照赋予“君子”的含义，在性质上属于伦理之教；这种伦理之教，是以礼乐为核心价值观念的“君子儒”之教，正由于他以礼乐为核心价值观念，它就不局限于指导一般士人的道德关系，更涉及对于执政者及君臣、上下级关系的伦理价值判断，并由此而同出仕相关；它并非单纯的出仕之教，其中对政事的关注，植根于君子之教，以“用之则行，舍之则藏”为仕途恰当的价值选择，故保持君子之教的本色。

2. 作为君子之教，故以修身为本，又以学为修身之途，故在教与学的关系上，立足于学；由于立足于学，故把学视为弟子本身的事情。唯其如此，对于授业诸关系的处理，具体表现为：

（1）学以求善。在总体上有别于学以求真。所求之真，在于真善。

（2）学以求知。所求之知，重在知人，知人之善恶，以利修身。知书、知史也是为了知善。

（3）学而后思。所思，有别于思维之思，而属思善之想。因属善之想，故为“学而思学”之想，想学而后力学。

（4）学以致用。用于行善，行有余力，则以学文。

（5）弟子为用而学，乃师因学而教。

这便是有别于西方近代以来制度化授业文化的中国古代非制度化授业文化的源头。

如此见识，虽距离孔门授业细节的真实甚远，唯在古今中外授业文化比较中，在孔子授业文化总体上，或许倒较为接近历史文化的真实。这种源于中国古代的授业文化，虽不具有近代西方以学科知识为主的授业之长，缺乏以学生集体为对象的授业那种效率，但当近代传统授业文化成为反思与改革的对象时，反而显示出这种为用而学、因学而教的授业，更接近授业的本义。可见，历史的车轮虽无法倒转，但历史的联系又割断不了。

第十九章

孔子授业要义

每次读《论语》，最想知道的，是孔子到底如何授业？自然这是痴心妄想。经过多次努力，做了系列专题研究，稍微刮去蒙在其上面的某些涂抹。如今，关于孔子授业，总算有了一些印象。也只是个人的印象而已。由于本人所做的若干专题研究已经陆续发表，这里只谈印象，不再作细致的论证。

一、师门的形成

孔子弟子知多少？《史记》称："弟子盖三千焉，身通六艺者七十有二人。"（《史记·孔子世家》）这个数字或同在此以前《吕氏春秋》与《淮南子》中的说法相关。唯《吕氏春秋》与《淮南子》的提法不同，前者以三千为"弟子"，七十为"达徒"；后者以三千为"徒"，七十为"弟子"。司马迁则以七十子为三千弟子中的“身通六艺者”。

另据司马迁引证，“七十子”系出自孔子之口。原话是孔子曰：“受业身通者七十有七人。”（《史记·仲尼弟子列传》）表示受业者不止此数。没有提到这七十子是“弟子”还是“徒”，也未提到“身通”什么，司马迁“补充”称为“身通六艺者”。其实，在《论语》中就兼有“弟子”与“徒”（门徒）提法。如“门弟子”（《论语·子罕》）、“［冉求］非吾徒也”（《论语·先进》），“［子路］是鲁孔丘之徒与？”（《论语·微子》）其中所谓弟子，指称的都是“鲁孔丘之徒”。

鉴于当时尚处在学无常师的时代，“门弟子”“吾徒”之类称谓的意义，在于证明孔子师门已经确立，正式的师—弟子关系的形成，孔子成为其弟子的常师。此种现象的出现，是对学无常师格局的突破。不过，学无常师仍是当时以至尔后很长时期普遍存在的现象。

看来“弟子三千”与“贤人七十”未必以“身通”什么为界限。如以“身通六艺”为标准，那么很难证明七十子中到底有谁“身通六艺”。要说七十子都是“贤人”，能够得到孔子认可么？那么七十子同其余弟子之间的界限是什么呢？看来它们之间的区别在于是否以孔子为常师。师从孔子受业，以孔子为业师。

明乎此，将有助于对同孔子授业相关的某些说法作出较为合情合理的解释。

鉴于孔子在当时已有一定声誉，故向他求教者必定不在少数。由此遂引起一些闲言杂语。说什么“夫子之门何其杂也”。

子贡针对这种非议，据理回答："君子正身以俟，欲来者不距，欲去者不止。"（《荀子·法言》）这类来无影、去无踪的登门求教者，既然得到过孔子赐教，也不妨算是孔子的弟子，但称不上是"门弟子"（入室弟子）。孔子不见得是那两千多求教者的常师。

孔子自称："自行束脩以上，吾未尝无诲焉。"（《论语·述而》）其语气像是针对有人指其门户不够开放而自我辩解。子贡曾称："譬之宫墙……夫子之墙数仞，不得其门而入，不见宗庙之美，百官之富。得其门者或寡矣。"（《论语·子张》）此宫墙隐喻的喻义，虽赞孔子之贤，却也说明，就夫子之道而言，"得其门者或寡矣"。

由于夫子行止非常讲究礼数，不知得其门而入会有什么讲究。唯一可资参考的线索，或许正是历来猜测颇多的束脩。束脩，按照朱熹说法，是人们礼节性交往中的常理。那么礼节性交往中的常礼一定是束脩么？故束脩更可能是入室弟子拜师礼中的规矩。否则后人为什么只把它作为学费的艳称呢？如是，孔子便成为七十子的常师。

后人把学费美其名曰束脩，并不能由此反过来说成是孔子收取学费，或以授业谋生。因为孔子还不致以吞食干肉度日。他可能另有经济来源，不仅一度在鲁国主政，而且当时已经开始形成"养生"风尚。他周游列国，所到之处，为各国提供的未必是免费咨询。他的弟子便是他倡导仁政，获得崇高威望的资本。

那么入室弟子如何修学呢？作为私学的萌生，其授业只能从师—弟子双方的需求与实际情况出发。

孔子弟子基本上是成年人。其中有不少弟子家境贫寒，少不得要谋生，还不无家室之累。自然也会有专心求学的弟子，而“脱产”求学的弟子终究有限。所以孔子深有感慨地说：“三年学，不至于谷，不易得也。”（《论语·泰伯》）“不易得”，表示这样的弟子非常难得，更多弟子仍须谋生，或出仕，或经商，如子贡“赐不受命而货殖焉”（《论语·先进》），以至家累千金。

孔子授业的背景，不仅同其生源相关，更得从他本人的经历中去揣度。他在“三十而立”之后，一度仕齐，后居家修习诗书礼乐，长达15年之久。随后仕鲁，从出任中都宰、司寇到摄相事（奉粟六万）。年届55岁，开始周游列国，又达14载。68岁返鲁，直到溘然长逝。

唯其如此，其弟子就地求教者有之，易地求教者有之（如子路、曾参），跨国度求学者或亦有之（如齐籍公冶长、卫籍子贡、陈籍子张、吴籍子游）。周游列国时，有弟子随侍（如“子适卫，冉有仆”）。据《论语》记载，弟子问政，至少有16次。其中子路5次，子贡4次，子张3次，冉有2次，颜回、仲弓各1次。子路、子贡、冉有主要是在其任所问政，这是一方面。另一方面，“夫子至于是邦也，必闻其政”（《论语·学而》）。其中少不得向在该国任职的弟子打听政情。如冉有退朝，孔子问：“何宴也？”冉答“有政”。乃师又说：“其事也，如有政，虽不吾以，吾其与闻之。”（《论语·先进》）诸如此类师—弟子问对，也不妨记在授业名下。可见，夫子虽诲人不倦，但既不应把他看成是教书先生，也不必单凭尔后私塾的印象，忖度孔子授业。

二、君子之教

孔子对子夏说："女为君子儒，无为小人儒。"（《论语·雍也》）在《论语》中有83章提到"君子"或"小人"。可见，君子为孔门授业中经常议论的话题。表明孔子此语不只是对子夏的期待，其授业所实施的，正是君子之教。

"君子"，原表示个人身份与在社会中的地位。在孔子所处时代，"君子"开始演变为伦理概念。个人成为君子，不仅受到尊重，而且有此资质，从政的机会较多。唯其如此，有志于修习君子之道的人们，才拜在孔子门下进德修业，以图进取，孔子志在倡导仁政和君子之风，期待从政者懂得君子之道，并成为君子，故使其授业成为君子之教。

孔子实施的君子之教，表现为：

1. 明君子与小人之别：在《论语》中，有18章专谈君子与小人之别。主要就个人追求、自我认识及日常言行举止划清君子与小人之间的界限。

2. 按照君子标准，衡量先人，衡量弟子的价值追求与日常言行，贬抑个别弟子的小人习气，表彰弟子中的君子。

能不能说孔子授业以造就君子为培养目标呢？所谓培养目标，未必是孔子所能想得到的问题。

孔子常谈君子与小人之别，主要为了使弟子划清君子与小人的界限。其实，在人群中，并不是"非君子即小人"，"非小人即君子"。为数更多的，则是既未达到君子标准，又算不上是小人的普通人。孔子无意对普通人说三道四。不过，依他之见，个人有合乎君子要求的言行，同成为君子，并不是一回事。“圣人，吾不得而见之矣，得见君子者，斯可矣”（《论语·述而》），表示君子至为难得。甚至自认：“躬行君子，则吾未之有得。”（《论语·述而》）基于这种见识，他怎么可能把造就君子作为一定要达到的目标呢？

孔子授业的对象，基本上是成年人。他一再鼓励弟子谈各自的志趣，且以平常心看待各个弟子的价值追求，并无把自己的想法强加于弟子的表现。只是严格把握伦理底线，不容忍弟子中的越礼行为或某种小人习气。怎么可能存在固定的培养目标之想呢？

然而，孔子授业是单以君子为话题的施教么？如果认定它所实施的是君子之教，那么它是一种怎样的君子之教呢？

它并非是单以君子为话题的说教，而属于德行之教。这种德行之教，又有别于一般的伦理之教，而属于以礼乐为核心价值观念的伦理之教。

它又不同于以诗书礼乐为课程或教材的说教，而为用而学，因学而教，属于以诗书礼乐取向的授业，即“君子儒”之教。

不过，这些假设，尚有待证明。

三、诗书礼乐之教

《史记》认定“孔子以诗书礼乐教”，还说七十余弟子“身通六艺”（《史记·孔子世家》）。

后代有些学者便由此引申为孔子设置了诗、书、礼、乐、易、春秋六门课程，还有人把诗、书、礼、乐抚上书名号。意味着孔子授业以《诗》《书》《礼》《乐》为教材。问题在于这些判断是否有足够的史料依据。单就《论语》而言，其中传递的信息能在多大程度上为这些说法提供支持呢？

《论语》中提到的“诗”“书”“礼”“乐”“易”之处，以章为单位统计（孔子在弟子不在场情况下，同别人交谈中提到的相关言论，因同授业无干，故未放入），共有“诗”16见，“书”4见，“礼”37见，“乐”21见，“易”1见，“春秋”未见。大致可以证明，孔子确以诗书礼乐教弟子。

依他之见：

> 诗以兴，礼以文，乐以成。
>
> （《论语·泰伯》）
>
> 诗可以兴，可以观，可以群，可以怨……
>
> （《论语·阳货》）
>
> 不学诗，无以言。
>
> （《论语·季氏》）

在《论语》中，“礼”“乐”并称及连成“礼乐”一词9见。

按照他的意见，“不学礼，无以文”。“不学乐，无以成”，也可这样说。

这些都是“诗教”“礼教”“乐教”的理由（只是未提及“书教”的理由）。他有如此充分的理由，能不实行诗书礼乐之教么？

唯在相关言论中包括的《诗》，只有5见，《书》为3见，《礼》1见，大都作为引文，哪里还谈得上以《诗》《书》《礼》《乐》为教材？更不用说迄今还无法证明曾有《乐》（经）存在（《论语》中提到的《韶乐》《武乐》为乐章）。

孔子授业以师—弟子问对为主要方式。弟子所问，或孔子所问，为授业中关注的内容。其中弟子问到某诗句的解释，为2见，问到《书》中某句解释，仅为1见，而乃师并未以《诗》《书》《礼》《乐》问弟子。于此更足以证明，孔子授业既未开设“六艺”课程，更未以经典为教材。

然而，不必由此而轻易否认孔子的诗书礼乐之教的存在。因为孔子基于“不学诗，无以言”的见识，自会鼓励有志于从政的弟子，在礼仪场合，运用诗句同别人对话；基于“不学礼，无以立”的见识，认定“恭而无礼则劳，慎而无礼则葸，勇而无礼则乱，直而无礼则绞”（《论语·泰伯》）。表明“礼”是“恭”“慎”“勇”“直”之类行为规范的规范。由此亦可以看出，孔子授业中的君子之教，并非简单的伦理之教，而属于带有世俗信仰性质的以礼乐为核心价值观念的君子之教。

以上只就《论语》中提供的信息而论。其实，司马迁所谓七十子“身通六艺”一说，另有所据。据称，孔子曰：“六艺于治一也。礼以节人，乐以发和，书以道事，诗以达意，易以神化，春秋以义。”（《史记·滑稽列传》）如此解释，更加证明所谓“六艺”之教，为超出伦理范围的君子之教。令人费解的是，司马迁既不在《孔子世家》中引用此语，又未在《仲尼弟子列传》

中引用此语，而在《滑稽列传》中引证，未觉滑稽。难道那些身为滑稽大王的传主，都配称“身通六艺”的智能之士么？

何况，孔子即使果有此说，所说的也只是“六艺”之用，仍不足以证明夫子授业为“六艺”之教。要说七十子皆为“身通六艺”之士，更难使人相信。至少就同孔子过从最密、相契甚深的子路来说，在“六艺”中，其乐艺连孔子也不敢恭维。只能说“由之瑟奚为于丘之门？”（《论语·先进》）他鼓瑟就是那么一种水平，怎么会鼓到我的门上来呢？子路甚至公然对乃师扬言：“有民人焉，有社稷焉，何必读书，然后为学？”（《论语·先进》）一个对“书”不感兴趣的人，其“书艺”如何？话说回来，司马迁称“六艺”，虽指称“六经”（包括经典乐章），而“六艺”一说，毕竟是指“六经”随机之用。在纸张和印刷术发明之前，不致发生把秘藏经典作为通用教材的遐想。

四、为用而学，因学而教

授业本身是教职。孔子之教，立足于学。为什么这样说呢？

在孔子授业中，以师—弟子问对为主要方法。对话的话题便是教与学的课题。孔门经常议论的话题，有“智”“仁”“勇”“信”“刚”“直”，等等。这些都属同道德修养相关的话题。孔子更把道德修养诉诸学。断言：“好仁不好学，其蔽也愚；好知不好学，其蔽也荡；好信不好学，其蔽也贼；好直不好学，其蔽也绞；好勇不好学，其蔽也乱；好刚不好学，其蔽也狂。”(《论语·阳货》)这些明明都是正当的爱好，为什么也可能成为弊端呢?

依孔子之见，这些爱好见诸行动时，必须合乎礼。一旦失礼，便可能走向其反面。这就是:“恭而无礼则劳，慎而无礼则葸，勇而无礼则乱，直而无礼则绞。”(《论语·泰伯》)所以要使这些正当的爱好不致因误用而转向其反面，就得学。“学之为言，效也”，效法先贤，效法时贤，以礼为立身之本。

那么单学就能解决进德修业问题么?有道是“学而不思则罔，思而不学则殆”(《论语·为政》)。这个判断又如何理解呢?

这里所谓“学”，依然是效法之义。所谓“思”，非指思维之思而是思想之想。如“君子有九思:视思明，听思聪，色思温，貌思恭，言思忠，事思敬，疑思问，忿思难，见得思义”(《论语·季氏》)。与此相关，还有“见利思义”(《论语·宪问》)“见贤思齐，见不贤而内自省”(《论语·里仁》)之说，可见，诸如此类之思，其实都是想上进、想继续学的意思。反之，如果视不思明，听不思聪……见利不思义，见贤不思齐，那就意味着止步不前，就此拉倒。这就叫作“学而不思则罔”，如果虽然视而思明，貌而思聪，哪怕是见利思义，见贤思齐，却未照自己的想法，切切实实去学，那就有半途而废之虞。“思而不学则殆”，此之谓也。由此可见，这个关于学与思的判断，实际的意思是:学了还想学得更好，单想学得更好还不够，还得把学得更好的想法，变成学的行动。归根到底，还是立足于学。

至此，所说的还只是立足于学的依据，至于立足于学的授业是怎么一回事呢?

“不愤不启，不悱不发，举一隅不以三隅反，则不复也。”（《论语·述而》）那么如何使弟子从不愤到愤，不悱到悱，从举一而不反三到举一反三呢？其实，这是现代人或出于自作多情，或出于强人所难，或出于无奈，才会提出的问题，而不是孔子该想的问题。因为在孔子看来，修学是弟子自己的事情。套用今人的话说，“以学生为主体”。从不愤到愤，不悱到悱，是弟子修学题中应有之义。因愤而启，因悱而发，才是教师的职责。

依照比例，或许还可类推出“不问不答”。不过，这种推论或许依然出于现代人的思维。因为现代有些人把“不愤不启，不悱不发”之类见解，艳称为“启发式”，而教学的模式具有通用的性质。孔子则不然，这位夫子“毋意，毋必，毋固，毋我”（《论语·子罕》），行为选择既因礼义而定，又因对象而定，因具体情况而定。在其授业中，有问有答虽属常情，也许不问不答更为多见，只是无法记载了，其实，不问不答正是立足于学、因学而教的题中应有之义。如荀子所谓“不问而告谓之傲，问一告二谓之囋”（《荀子·劝学》）。此外，甚至还不乏问而不答的例证。至于夫子主动提问，则主要是问弟子情况、弟子同学情况、弟子志趣、弟子自我评价及弟子从政后的政情。故仍不失为立足于学。

孔子往往对不同弟子提出的同一个问题，作出不同的回答。如六个弟子问“仁”（樊迟、颜回、仲弓、司马牛、子贡、子张），乃师给出六种不同的答案。其中樊迟两次问“仁”，前后答案不同。除了由于弟子所提问题经《论语》记载而简化的缘故以外，主要由于孔子一般都是根据不同提问者个性心理倾向、价值追求、行为表现的不同，而作出有针对性的回答，以引导提问者增进或更正自我意识，改进自己的行为。

由此可见，孔子授业具有“为用而学，因学而教”的特点。借用陶行知的话说，便是“教学做合一”。在孔子那里，“教”“学”“做”之所以可能“合一”，盖由于当时这三者尚呈现较为单纯与朴素的状态，各自尚未形成由多种要素构成、具有内在结构的独立系统和自身运作的逻辑，然而更为根本的原因还在于夫子授业重在教弟子学。弟子所学，旨在成为受到诗书礼乐陶冶的君子。

五、结论

综上所述，孔子授业是在春秋末期那种特殊历史环境中，适应文明演进的趋势，本着自身的价值追求，以有志于成为君子的成年人为对象。弟子为用而学，为成为君子而学，夫子因学而教。所学为君子之道，其授业为君子之数；其君子之教，理所当然地为伦理本位之教；因其伦理以礼乐为核心价值观念，故为“君子儒”之教。这便是孔子授业实践的逻辑。

如此君子之教，以弟子修身为本，行为指导为辅。有别于标准化的客观知识的传授，因属伦理之教，故重在力行，即以行为准则规范行为，又以礼乐规范行为准则的运用；如此诗书礼乐之教，重在使言行文之以礼乐，而有别于以诗书礼乐为课程的授业，或以《诗》《书》《礼》《乐》为教材的想象。这便是孔子授业有别于现代授业的特点。

由于孔子私学尚处于教育实体萌生初期，故较为朴素、简便、机动、少序。因其远未达到成熟的程度，也就便于师—弟子融为一体，从而既接近教弟子学之教（今第一声，音交）的本义，又接近“长善救失”之教（今第四声，音叫）的原旨。这便是孔子授业的认识价值。

后　记

关于本书，在原序中该说的都已说了。本书的修订版只是删去一些章节，合并或调整一些章节，无非使研究的主题及相关思路较原版更清楚。

关于研究的主题，所谓“授业”，原为我国古代教师趋于职业化过程中的提法，《论语》中以“诲”名之。诲，晓教也。实际上是指教–学活动。

人类教–学活动经历从古代学程型授业到现代教程型授业演变的过程，时至当代，出现从教程向学程转化的动向。不过这种转化，将是一个漫长的曲折的历史性演变的过程。迄今关于现代条件下的学程是怎么一回事，仍在探索的过程中。在这种情况下，孔子授业作为学程型授业的先例，便值得关注。

鉴于《论语》中的言论，多为“无头柄的说话”（陆九渊：《象山语录》），即语境不明，也就难免望文生义。战国至秦汉年间，若干拿孔门说事的杂录，虽真伪莫辨，其故事情节却有助于明白其中的纠结，故在增订版中收入数篇。

陈桂生

2019年6月24日